Die Kosmische Uhr
und das Netzwerk Deiner Haut

Dein Schicksal liegt in Deiner Hand

Die Kosmische Uhr und das Netzwerk Deiner Haut

Dein Schicksal liegt in Deiner Hand

Gabriele, Würzburg

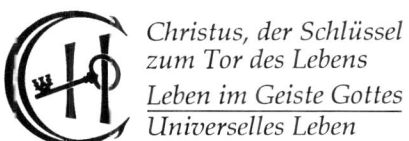

Christus, der Schlüssel
zum Tor des Lebens
Leben im Geiste Gottes
Universelles Leben

1. Auflage 1996

Herausgeber:
© Verlag DAS WORT GmbH
im Universellen Leben
Max-Braun-Straße 2
97828 Marktheidenfeld

Buchreihe Universelles Leben
Alle Rechte vorbehalten.

Druck: Druckerei Joh. Walch GmbH, Augsburg

ISBN 3-89201-083-8

Inhalt

Vorwort

Was erwartet uns in diesem Buch?

Der Titel deutet es an:

»Die Kosmische Uhr« – Darlegungen kosmischer Gegebenheiten und Zusammenhänge, wie es sie bisher nicht gab und die nur ein Mensch mit erschlossenem Bewußtsein uns Menschen mit begrenztem Bewußtsein nahebringen kann. Die Spannweite reicht vom großen göttlichen Bauplan, dem allgegenwärtigen Leben, dem Vater-Mutter-Prinzip, dem Strom und dem göttlichen Bauwerk, der Schöpfung, bis hin zum Menschen, der durch sein Menschsein aufs engste verwoben ist mit dem materiellen Kosmos und dem feinerstofflichen Kosmos der Reinigungsebenen. Diese beiden Kosmen nennt unsere Schwester Gabriele die Kosmische Uhr – im Gegensatz zum ewigen Ur-Werk Gottes, dem reinen Sein –, deren Pendelschlag ein jeder von uns durch sein Fühlen, Empfinden, Denken, Reden und Handeln mitbestimmt und deren persönlicher Pendelschlag für den einzelnen das Schicksal bedeutet.

»... das Netzwerk deiner Haut« – der Mensch im großen kosmischen Kommunikationsnetz, der auf mancherlei Weise das Abbild seiner Speicherungen in den Fallkosmen ist, die auch als Gravur in der »Landkarte« seines Hautnetzwerks verzeichnet sind, in sichtbaren wie in unsichtbaren Merkmalen, die senden und empfangen, die schwingungsgleiche Informationen abgeben und aufnehmen. Alles, womit wir in Berührung kommen, kann also auf uns einwirken, uns sogar beeinflussen, wenn wir dafür empfänglich sind. Und wir geben das, was in uns schwingt, an unsere Umwelt weiter. Wodurch? Schon durch einen Händedruck, durch alles, was wir berühren, durch Nahrungsmittel, durch die Luft ...

»Ob wir uns dessen bewußt sind oder nicht, ob wir dies wollen oder nicht – wir Menschen sind immer Teil eines unermeßlich großen Kommunikationsnetzes. Keine unserer Lebensäußerungen bleibt ohne Auswirkung. Der Pessimist und Fatalist könnte aufgrund dieser Erkenntnis den Satz prägen: Wer als Mensch lebt, wird schuldig. – Doch gerade das Prinzip Senden und Empfangen birgt auch die Chance, Gutes zu bewirken, mitzuhelfen, das Leben vieler zum Guten zu verändern, wenn wir die positiven göttlichen Kräfte in unserem Leben zum Tragen kommen lassen.«

Wie?

Bei der Lektüre des Buches wird in so manchem so manche Erkenntnis und Selbsterkenntnis aufsteigen. Doch nichts muß so allzumenschlich, drückend oder bedrohlich bleiben, wie es eventuell momentan noch ist. Die Kraft zur Veränderung ist uns gegeben – durch Christus, dessen Geist in uns wohnt.

14

Dieses Buch ist geschöpft aus dem Bewußtsein unserer Schwester Gabriele, der Prophetin
und Botschafterin Gottes, die von dem, was sie
in sich schaut, das, was in menschliche Worte
zu fassen ist, an uns weitergibt. Sie möchte uns
helfen, daß wir unseren persönlichen kosmischen Pendelschlag positiv gestalten können.
Und sie zeigt uns auf, w i e .

In dieser Zeit geht das Pendel der Kosmischen Uhr immer schneller. Doch jeder kann
frei entscheiden, wie er es halten will, denn
»Dein Schicksal liegt in Deiner Hand«.

Ein Christusfreund
im Universellen Leben
Würzburg, im Oktober 1996

Der alles hinterfragende Mensch –
ein unbequemer Zeitgenosse.
Der bequeme Zeitgenosse lebt ohne
Wertmaß und Verantwortungs-
bewußtsein in den Tag hinein

Wir Menschen haben oftmals die Angewohn-
heit, alles, was uns begegnet und was uns gesagt wird, hinzunehmen, ohne nach dem
»Warum« zu fragen. Wer fragt, warum das so
und nicht anders ist, wird meist als unbequemer Zeitgenosse angesehen. Man geht ihm
möglichst aus dem Weg, um sich mit ihm nicht
über etwas auseinandersetzen zu müssen, das,
wie man meint, doch nichts bringt. Vielfach
wird dieser unbequeme Mitmensch als Neugie-
riger und Besserwisser angesehen, der durch
sein »Warum« Gewohntes und eventuell Be-
währtes in Frage stellt und so Beunruhigung
und Verunsicherung hervorruft, und wer
möchte schon abqualifiziert und gemieden
werden? Deshalb wählen viele den bequemen
Weg – und schweigen.

Wer lange schweigt, obwohl es einiges zu
sagen gäbe, wird zum Konformisten, zum An-
gepaßten, zum »bequemen Zeitgenossen«. Im
Konformismus liegen Gleichgültigkeit und
mangelnde Verantwortung. Dem Schwierigen,
Unbequemen, das uns vor Aufgaben stellt, gehen wir aus dem Weg. Auf so manche Äuße-

rung unserer Mitmenschen antworten wir sogar mit zustimmendem Nicken, um den Anschein zu erwecken, wir stimmten mit seiner Ansicht überein. In Wirklichkeit aber haben wir die Ausführungen entweder kaum verstanden, oder wir stellen sie insgeheim in Frage, oder wir sind desinteressiert. Bestätigen wir durch Gesten oder durch Worte unserem Gegenüber, daß wir mit ihm konform sind, daß wir so denken und fühlen wie er, ohne daß wir es auch so meinen, so täuschen wir ihm etwas vor. Wir handeln anders, als wir fühlen und denken. Zustimmung also um den Preis der Aufrichtigkeit und Geradlinigkeit.

Wir sollten uns fragen: Warum handeln wir so? Genauer gefragt: Was wollen wir mit diesem Verhalten erreichen? – Doch der bequeme Zeitgenosse fragt selten nach dem Warum.

Ein über längere Zeit geübtes Fehlverhalten führt zu einer Fehlhaltung. Durch die konformistische Zustimmung, in der wir so tun, als wären wir mit unserem Nächsten auf einer Linie, werden wir immer mehr zum ichbezogenen Jasager, der seinen Vorteil und seine Bequemlichkeit sucht. Dann interessiert uns nur das, was für uns von Bedeutung erscheint, und wir erkunden sogleich, welchen Nutzen wir daraus ziehen können. Die Folgen dieser Verhaltensweise sind meist Trägheit und Nachlässigkeit, sowohl privat als auch im Beruf.

Diese weitverbreitete allzumenschliche Haltung bringt Passivität mit sich, auch dem eigenen Leben gegenüber. Dabei könnte das irdische Leben so interessant sein, wenn wir bereit wären, uns selbst zu betrachten und unsere Verhaltensweisen zu analysieren, um zu ergründen, warum wir uns so und nicht anders verhalten.

Der Tag gibt uns viele Anstöße zur Selbsterkenntnis. Alles, was auf uns zukommt, aber auch das, was an uns ist – unsere Kleidung, deren Farbe und Form, die Art unserer Frisur, die Pigmentierung unserer Haut –, und was um uns ist – die Wohnung in Gestaltung, Farbe und Form –, will uns etwas sagen. Die Augenblicke, die Situationen, die Ereignisse des Tages tragen eine Botschaft für uns. Sie sprechen zu uns. Beachten wir diese Impulse nicht, dann leben wir ohne Wertmaß in den Tag hinein, werden passiv, distanziert und träge – der bequeme Zeitgenosse. Auf diese Weise laufen unser Dasein und dessen Ursächlichkeiten ab, ohne daß wir die »Landschaft« des Tages, unser Für und Wider, im »Warum« betrachten, um zu erspüren und zu ergründen, was diese uns sagen will.

So lassen wir die Gelegenheit verstreichen, unser Leben in die Hand zu nehmen und uns zum Positiven zu verändern, so daß sich auch unser Leben ändern kann.

Die existenzielle Grundfrage des Menschen ist die Frage nach seinem Woher, seinem Wohin und nach dem Warum seiner Lebensumstände. Fragen wir also zunächst:

Wer sind wir, der Mensch?

Der Mensch – in dreifacher Hinsicht ein kosmisches Wesen

Der Mensch – wir selbst samt der uns innewohnenden Seele – ist ein kosmisches Wesen, und dies in dreifacher Hinsicht. Der physische Leib ist eins mit dem Kosmos der Materie, die Seele ist verbunden mit dem feineren Kosmos der Reinigungsebenen, das Unbelastbare der Seele, der Seelengrund, der göttliche Wesenskern, ist eins mit dem ewigen Sein, dem Gesetz, Gott. So können wir auch sagen: Das ewige Wesen im Innersten des Menschen steht in unauflöslicher Verbindung mit den Himmeln, mit dem reinen Sein, dem reingeistigen Kosmos.

Der eigentliche Mensch ist – eben als Mensch – kosmisch in zweifacher Hinsicht: Jedes Detail seiner äußeren, materiellen Hülle ist in den Gestirnen des materiellen Kosmos gespeichert; sein menschliches Wesen mit seinen Belastungen, dem Sündhaften, das in den belasteten und verschatteten Teilen der Seele, in den Seelenhüllen, liegt, ist in den feinerstofflichen Reinigungsebenen registriert.

In diesem Buch wird oft vom Menschen und seinen Eingaben in die »beiden Kosmen« die Rede sein. Hierzu eine Erläuterung:

Infolge des Falls – auch Engelsturz genannt – existieren im allumfassenden Universum drei Makrokosmen: das reine Sein und die beiden Fallkosmen, denn durch den Fall bildeten sich zum einen die feinerstofflichen – für Menschenaugen unsichtbaren – Reinigungsebenen, die Wohn- und Speicherplaneten der belasteten Seelen, zum anderen bildete sich die grobstoffliche Materie mit ihren Gestirnen und der Erde. Da sich der Text dieses Buches vorwiegend mit dem kosmischen Uhrwerk, also dem Kosmos der Materie und dem Kosmos der Reinigungsebenen, befaßt, sind im folgenden immer diese gemeint, wenn von »den Kosmen« die Rede ist. Wo vom reingeistigen Kosmos, dem Universum des reinen Seins, gesprochen wird, ist dies klar zum Ausdruck gebracht.

Der göttliche Bauplan,
das allgegenwärtige Leben,
das Vater-Mutter-Prinzip, der Strom,
und das göttliche Bauwerk,
die Schöpfung

Fragen wir, warum wir kosmische Menschen sind, dann müssen wir in der Antwort auf den göttlichen Bauplan des göttlichen Baumeisters, Gott, und Sein Bauwerk, die Schöpfung, eingehen.

Gott ist die ewige Liebe. Sein ewig-göttliches Bauwerk, das aus Ihm hervorgegangene reingeistige Universum, ist Sein Schöpfungsebenbild. Dieses ging und geht aus den beiden Polen des Vater-Mutter-Prinzips hervor, in denen der Bauplan des ewigen Seins liegt. Beide Pole – Vater und Mutter – schufen und schaffen durch die Aus- und Einatmung, in welcher die Evolution begründet ist, das ewige Sein, die Urheimat, und alle himmlischen Wesen, welche diese bewohnen. Der große Schaffungsbogen des Vater-Mutter-Prinzips sei hier nur kurz dargelegt.

Das gebende, schaffende Vater-Mutter-Prinzip, die Liebe, brachte die Urheimat mit ihren himmlischen Sonnensystemen, den bewohnten göttlichen Welten, den geistigen Naturreichen mit den geistigen Naturformen der Mineralien, Pflanzen, Tiere und nicht zuletzt die göttlichen

Wesen, die Söhne und Töchter Gottes, hervor. Die Seinsschöpfung ist das Schöpfungsebenbild Gottes, der ewig strömenden Kraft. Sie ist gleichzeitig das manifestierte Ebenbild des ewigen Vaters. Die Ebenbilder der manifestierten Gestalt des ewigen Vaters sind die aus der ewig strömenden Kraft geschaffenen, manifestierten göttlichen Söhne und Töchter. Sein göttlicher Bauplan und Sein Bau- gleich Schöpfungswerk trugen und tragen auch die Evolutions- gleich Bewußtseinsgrade der Mineralien, Pflanzen, Tiere und Naturwesen. Sie sind formgewordene Aspekte Gottes, Schritte hin zur Vollendung, zum vollkommenen Ebenbild, dem Sohn oder der Tochter Gottes.

Die gebende ewige Liebe, das Herz des göttlichen Bauplans und das Herz des Bauwerks der Schöpfung, gab Sich mit allen sieben mal sieben Kräften in die Schöpfung ein und behielt sich nur eines vor: die Allgegenwart, welche der Strom, die alles erhaltende Lebenskraft GOTT, in den Evolutionszyklen, in allen Wesen, in allem Sein ist. Sämtliche göttlichen Energien, der allgegenwärtige Strom, die Lebenskraft, sind die Wesenszüge des Vater-Mutter-Prinzips in allen Universen und in jedem göttlichen Evolutionsschritt, in den Mineralien, Pflanzen, Tieren und Naturwesen. Jede reine Schöpfungsform ist aus den Kräften des Lebens erbaut, ist also göttlich, jedoch nicht allgegenwärtig.

Ist in den Zyklen der Aus- und Einatmung
für eine sich entfaltende geistige Lebensform
der letzte göttliche Evolutionsschritt vollzogen,
so geht daraus das vollendete Ebenbild Gottes
hervor, das göttliche Wesen, der Sohn oder die
Tochter des ewigen Vaters. Das göttliche
Schaffungswerk, die Urheimat mit allen geistigen Sonnen und Welten und allen göttlichen
Wesen, geistigen Mineralien, Pflanzen, Tieren
und Naturwesen, bildet das Schöpfungsebenbild des Vater-Mutter-Gottes, das Gesetz der
unendlichen Liebe. Die reinen Wesen, die Söhne und Töchter Gottes, sind das vollkommene
komprimierte, geistig-göttliche Gesetz nach
dem göttlichen Bauplan.

Alle geistigen Mineralien, Pflanzen, Tiere
und Naturwesen sind formgewordene Aspekte
Gottes aus Seinem Bauplan. Die Träger aller
entfalteten Kräfte des göttlichen Bauplanes, die
Ebenbilder Gott-Vaters, Seine Söhne und Töchter, sind die Mitwirkenden im weiteren göttlichen Bauwerk.

Das Vater-Mutter-Prinzip ist also das erhaltende, allgegenwärtige Leben, der Strom, welcher der göttliche Bauplan ist, der das Bauwerk, die Schöpfung, durchströmt und alle
göttlichen Evolutionsschritte vom Mineral bis
zum Naturwesen hervorbringt und sich als
Ganzes im komprimierten Ebenbild, dem Geistwesen, vollendet. Das Leben, GOTT, ist unum-

stößlich und unteilbar. So ist im Kleinsten das Größte, der ganze Bauplan, enthalten. Das heißt, im Kleinsten, z.B. in einer Lebensform auf einer noch niedrigen Evolutionsstufe, ist bereits das vollkommene Ebenbild Gottes enthalten.

Der Fall. Söhne und Töchter Gottes, die selbst Baumeister, Gott, sein wollten, fielen aus den himmlischen Ebenen, mit ihnen Teile der göttlichen Schöpfung

Als der Fall, die Abkehr von Gott, durch das Prinzip »Trenne, binde und herrsche« begann, als Söhne und Töchter der Himmel wie Gott sein wollten, also der Baumeister des Bauplanes und des Bauwerkes selbst, fielen diese aus der göttlichen Ordnung, dem Gesetz der Liebe, und wurden zu Fallwesen. Gleichzeitig lösten sich aus dem ewigen Bauwerk Gottes Teile von göttlichen Sonnen und Planeten. In unvorstellbar großen Zyklen fielen also aus dem urewigen Bauwerk Teile von Sonnensystemen; sie nahmen die Schwingung der ersten Fallwesen an.

Da Gott unumstößlich und unteilbar ist und das erhaltende Leben in allem bleibt, im Kleinsten das Größte, blieb in den Fallwesen und auch in den Teilaspekten der Sonnensysteme das Schöpfungsebenbild des Vater-Mutter-Gottes, das Bauwerk. Dadurch wurden und werden Seelen und Menschen und die Teile der Sonnensysteme, die mehr und mehr Fallcharakter annahmen, weiterhin vom Baumeister, GOTT, von Seinem Strom, dem Strom des alleserhaltenden, allgegenwärtigen Lebens, mit Lebensenergie versorgt.

Dadurch blieb der Bauplan in den Fallreichen, in den heruntertransformierten Formen. Eine Teilenergie – Grundprinzipien des göttlichen Bauplanes – wurde von den Fallwesen für ihre Zwecke umgepolt. Gilt z.B. in den reinen Welten »Sende Göttliches und empfange wiederum das Göttliche, die Fülle«, so heißt es nun im Fall: »Sende deine Egoaspekte, Negativenergie, und du wirst wiederum Negatives empfangen«. Oder: In den Himmeln gilt: Der göttliche Wille, das Es Werde, bringt die Evolution des göttlichen Bauwerks der Schöpfung, Zunahme an Licht und Lichtformen zur Ehre Gottes. In der Materie heißt es: Der Eigenwille des Menschen schafft Erstarrtes, Degeneration, Verstümmelung, Verunreinigung, Ausbeutung, Einengung, Kälte, Sterben und Dunkelheit, Errungenschaften des menschlichen Hirns, die zur Beherrschung und Unterjochung der Lebensformen vom Menschen geschaffen wurden zur Ehre seines Egoismus, zu seinem Ruhm und für seine Macht.

So könnte man fortfahren. Es ist zu erkennen: Alles im Fallreich ist Abglanz, klarer:

Plagiat, unwürdiger, unheiliger »Abklatsch« des Göttlichen.

Im Verlauf des Fallgeschehens entwickelten sich die ersten Fallebenen mit ihren entsprechend verdichteten Sonnensystemen. In diesen hielten sich die ersten Fallwesen auf. Sie warben weitere himmlische Söhne und Töchter Gottes ab. Auch deren Gedanke war, sein zu wollen wie Gott, also den Bauplan und das Bauwerk, das Ebenbild Gottes, zu verändern. Sie fielen ebenfalls aus den himmlischen Ebenen und mit ihnen weitere Teile der göttlichen Schöpfung, in denen – wie geschrieben – wieder das Ganze, GOTT, der Bauplan, liegt, da im kleinsten Teilchen das ganze Schöpfungsprinzip vorhanden ist.

Die feinerstofflichen Körper der Fallwesen umgaben sich mit den Schwingungen, die ihren Gefühlen und in der weiteren Fallentwicklung ihren Gedanken entsprachen. In gleicher Weise umhüllten sich die Gestirne mit den von den Fallwesen ausgesandten Schwingungen. Aus diesem ersten Fallkosmos entwickelten sich in unzähligen rhythmisch-zyklischen Läufen durch Eruptionen weitere Sonnensysteme mit dichterem Stoff, jeweils entsprechend der Gefühls- und Gedankenwelt der von Gott abgewandten Wesen. So, wie sich die gottabgewandten Wesen verdichteten, ummantelten sich auch die Gestirne und nahmen beständig an Dichte zu, bis hin zum dichtesten Stoff, den wir die Materie nennen, mit der Erde und ihren Menschen.

Jesus, der Christus, brachte den Stop im Fallgeschehen, die Wende. Das »Vollbracht« und die Auferstehung des Christus Gottes bewirkten, daß nun seit nahezu 2000 Jahren das ganze Fallgeschehen in Evolutionsschritten wieder in das Bauwerk Gottes, in die Urheimat, zurückkehrt. Durch das »Vollbracht« des Christus Gottes, des Erlösers aller Menschen und Seelen, wurde der feinerstoffliche Fallkosmos zu Reinigungsebenen für die Seelen. Die Erde blieb die Bewährungs- und Abtragungsstätte für die einverleibten Seelen, die Menschen, denen für ihren Heimweg nun zusätzlich die Erlöserkraft, das Erlöserlicht des Christus Gottes, zur Verfügung steht.

Aus dem Ebenbild Gottes machte der Mensch das, was er heute ist

In der Bibel lesen wir, daß der Mensch das Ebenbild Gottes sei. Das stimmt nur für das reine Geistwesen, denn das Vater-Mutter-Prinzip, das von Gott-Vater und allen Seinen reinen Söhnen und Töchtern verkörpert wird, kann der Mensch mit seinen Sünden, mit seinem Haß, seinem Neid, seiner Feindschaft, seinen Aggressionen und seinem kriegerischen

Treiben niemals verkörpern. Gott ist ewig gebende Liebe. Sein Ebenbild ist ewig gebende Liebe, Friede, Harmonie, Gleichheit, Einheit, Gemeinsamkeit, Glück, Freude und Gesundheit.

Der Mensch als solcher ist also nicht das Ebenbild Gottes. Um – gemäß der Frage »Warum?«, die uns das Tor zu weiterer Bewußtwerdung erschließt – zu erfassen, weshalb nicht, müssen wir die geistigen Gegebenheiten näher ins Auge fassen.

Die Welten des reinen Seins sind der Ausdruck Gottes, Sein Ebenbild, ausgeprägt und gestaltet nach Seinem Ursein.

Gott, das Vater-Mutter-Prinzip, gab also in die Schöpfung, in die Urheimat, in das ewige Sein, Sein Ebenbild ein, Seinen Bauplan, das Gesetz der Liebe. Aus dem allgegenwärtigen Strom, dem Gesetz der Liebe, manifestierte Sich Gott-Vater selbst, und wieder aus Sich selbst heraus, dem Strom, schuf Er die himmlischen Wesen. Die himmlischen, reinen Wesen sind das Ebenbild des ewigen Vaters, der Sich für sie schaubar verkörperte.

Gott ist immer das Ganze, unumstößlich und unteilbar. Im Kleinsten ist das Größte, der gesamte Bauplan Gottes. Infolgedessen ist auch i n den Sonnensystemen der Fallebenen einschließlich denen des materiellen Kosmos der Bauplan Gottes, die Schaffungsenergien des Vater-Mutter-Prinzips, das Gesetz, das als unantastbarer Wesenskern auch in den Formen der Fallschöpfung wirksam ist.

Die Fallwesen bis hin zu den Menschen konnten und können den Bauplan Gottes nicht verändern. Was sie jedoch vollziehen konnten, war die Ummantelung des Bauplans und des Bauwerkes mit den Energien, die ihnen Gott als Weg zur Rückkehr ins Vaterhaus zur Verfügung gestellt hat und die sie für ihre Zwecke mißbrauchten, also heruntertransformierten. In dem Maße, in dem die Fallwesen sich mit Hüllen heruntertransformierter Gottesenergie umhüllten und die Gestirne sich dementsprechend mit den Fallgedanken, den Negativenergien, der von Gott abgewandten Wesen, ummantelten, vollzogen sich auch die weiteren Schritte hin zur Verdichtung der Gestirne und der Fallwesen. Die Gestirne wurden immer dichter und die Fallwesen, deren Bewußtsein sich sukzessive einengte, immer menschenähnlicher. Aus den Schritten der Degeneration entstand schließlich der Mensch, wie wir ihn heute kennen.

Der Mensch ist also in seinem geistigen Kern, dem Wesenskern seiner Seele, das Ebenbild Gottes. Dieses ist jedoch verdeckt, überlagert von Gegensätzlichem; der Mensch hat sich von der ewig strahlenden Sonne, dem in ihm leuchtenden Wesenskern, abgewandt und seine persönlichen Gesetzmäßigkeiten geschaffen, sein Ego.

So können wir sagen: Jeder Mensch besteht aus seinen eigenen, aus seinen personenbezogenen, egoistischen Gesetzmäßigkeiten, die aus seinen Gefühlen, Empfindungen, Gedanken, Worten und Handlungen hervorgingen und hervorgehen. Durch sein Fühlen, Empfinden, Denken, Reden und Handeln gegen den Willen Gottes, also durch sein Leben im Eigenwillen, schuf der Mensch gleichsam seinen eigenen, eigenwilligen Bauplan. Er gab die einzelnen Aspekte dieses Bauplans in seine Seele, in seine Gehirnzellen, in seine Gene und Körperzellen und auch in die Gestirne der beiden Fallkosmen ein. Zugleich zeichnete er seine Hülle, den physischen Leib, mit eben diesen Gesetzmäßigkeiten. So ist der Mensch nun sein personifizierter Bauplan, gleichsam die Manifestation all dessen, was er gemäß seiner Gefühls-, Gedanken- und Handlungswelt in die beiden Fallkosmen eingegeben hat.

Der Mensch ist also, global gesprochen, ein durch seine Sünden, durch seine Zuwiderhandlungen gegen Gott, belastetes Wesen. Alle Belastungen der Menschen, die in den beiden Kosmen, im Kosmos der Reinigungsebenen und im Kosmos der Materie, nicht getilgt sind, bilden, als Ganzes gesehen, den Bauplan des physischen Leibes. Dieser Bauplan des physischen Körpers ist nicht das Ebenbild Gottes, sondern das Produkt, das Bauwerk jedes einzelnen.

Gott gab Sein Ebenbild auch in die Fallkosmen ein. Der Mensch jedoch machte daraus, was er heute ist.

Durch Zeugung, Geburt und Inkarnation wird der Mensch, das personifizierte Ebenbild aus der Genstrahlung der Eltern und aus der Partikelstrahlung der Seele, geschaffen

Durch die beständigen Zuwiderhandlungen gegen Gottes Bauplan und Gottes Bauwerk schufen sich die von Gott abgekehrten Wesen den Bauplan und das Bauwerk des physischen Leibes. Als im fortschreitenden Fallgeschehen das menschenähnliche Wesen seine Konstruktion weitgehend vollendet hatte, es also Mensch war und nun Mensch ist, war und ist der Mensch durch sein Fühlen, Empfinden, Denken, Sprechen und Handeln sein eigener Bauplan und der Baumeister seiner weiteren Schöpfungen, gleich Zeugungen und Geburten, geworden.

Die Vorgänge Zeugung und Geburt sind die Voraussetzung dafür, daß sich nun eine Seele in einen physischen Leib inkarnieren kann. Ähnliches vollzieht sich beim Tod des physischen Körpers. Beim letzten Atemzug des Menschen verläßt die Seele den Körper und geht gemäß ihrem Bewußtseinsstand in die Ebenen des feinerstofflichen Kosmos ein, in jene Bereiche der Reinigungsebenen, die ihre Eingaben tragen – Speicherungen von Sündhaftem, das der Mensch durch sein gegensätzliches Fühlen, Denken und Handeln geschaffen hat. Es zieht die Seele in bestimmte jenseitige Welten nach dem Prinzip: Gleiches zu Gleichem. Das gleiche gilt jedoch auch für lichte Seelen. Licht zieht zu Licht, Schatten zu Schatten, Dunkelheit zu Dunkelheit. Eine lichte Seele wandert dem Licht zu, denn die Anziehungskraft für sie ist das Licht. Sie geht allmählich ein in ihre Urheimat, in das ewige Sein, und ist wieder bei Gott, so, wie es Jesus, der Christus, für alle Seelen und Menschen will.

Da der Mensch – durch seine persönlichen Eingaben in die beiden Fallkosmen – seinen eigenen Bauplan schafft, ist er auch Baumeister seines eigenen physischen Körpers, den der Mann zeugt und die Frau gebiert. Diese ziehen gemäß ihrer Genstrahlung eine Seele aus den Reinigungsebenen oder aus höheren Sphären an, die der Genstrahlung der Mutter und des Vaters entspricht, die also gleiche und ähnliche Prägungen in ihren Seelenpartikeln trägt. Durch Zeugung, Geburt und Inkarnation schaffen der Vater, die Mutter und die inkarnierende Seele das personifizierte Ebenbild aus der Genstrahlung beider Elternteile und aus der Partikelstrahlung der sich einverleibenden Seele.

Zum besseren Verständnis sei zusammenfassend wiederholt: Der Mensch, das egopersonifizierte Wesen, ist nicht das Ebenbild Gottes, sondern er ist der kosmische Mensch, bezogen auf die beiden fallbedingten Kosmen. Durch die Zuwiderhandlungen gegen Aspekte des Ebenbildes Gottes, gegen die selbstlos-gebende Liebe, entstand über sündhafte Eingaben in die beiden Kosmen allmählich die Konstruktion des Erdmenschen. Diese Konstruktion des Menschen ist nun in dem Kosmos der Materie und dem der Reinigungsbereiche das Bildnis des Menschen, das das Ebenbild Gottes überlagert.

Jeder hat das von ihm Verursachte zu bereinigen oder abzutragen

Die Fallwesen und die Menschen haben aus den beiden Kosmen – einschließlich der Erde – das gemacht, was ihnen, den Menschen, entspricht. Die Masse der Menschen lebt jedoch in den Tag hinein und ist sich nicht bewußt, daß jeder einzelne Mensch – aufgrund seiner persönlichen Eingaben in die Kosmen, so auch durch sein schädigendes Verhalten gegenüber

der Erde, seinem Mutterplaneten – das mit abzutragen hat, was er verursacht hat. Deshalb
wird jede Seele erst dann wieder als reines Wesen in ihre Urheimat zurückkehren können,
wenn sie ihre Belastungen bereinigt, also getilgt hat. Das Quantum der Belastungen des
einzelnen besteht zum einen aus den Zuwiderhandlungen gegen seine Nächsten, zum
anderen aus seinen Verstößen gegen die Tier-
und Pflanzenwelt und gegen die beiden Kosmen, einschließlich der Erde. Unser Sündhaftes
kann jedoch von Christus, unserem Erlöser,
nur dann umgewandelt werden, wenn wir unsere erkannten Sünden bereuen, um Vergebung bitten, vergeben und diese Sünden nicht
mehr tun.

Stirbt die Erde, dann stirbt die Menschheit
aus. Doch alles, was sich durch den Fall, durch
die Zuwiderhandlungen gegen Gott, aufgebaut hat, muß sich wieder zurückentwickeln
zum Bauplan und Bauwerk, dem Ebenbild
Gottes. Jeder wird seinen Teil erkennen und
bereinigen oder – eventuell in langen, schmerz-
haften Prozessen in den Reinigungsbereichen
der Seelen – abtragen müssen.

Das Belastungsprinzip, von dem Jesus
sprach, lautet: Was du dem Geringsten Meiner
Brüder antust, das tust du Mir an, dem Sohn
Gottes, der das Ebenbild des Vaters ist. Zu den
Geringsten gehören auch Tiere, Pflanzen und
Mineralien. An der vielfältigen Einflußnahme

auf Samen und Pflanzen durch Kreuzung und Genmanipulation, an den unermeßlichen Qualen der Tiere trägt jeder Mensch den seinem Denken und Handeln entsprechenden Anteil. Diesen hat er auch selbst zu bereinigen oder abzutragen.

Wir hören immer wieder: Das Gesetz von Saat und Ernte weist mit unbestechlicher Präzision dem einzelnen seinen Anteil zu. – So mancher wird meinen, er habe keinen oder wenig Anteil an der Verwüstung des Planeten Erde und am Leid der Pflanzen- und Tierwelt. Er habe keine Wälder gerodet, er habe keine seltenen Tiere gejagt, um deren Fell zu verkaufen, habe keine Tierversuche durchgeführt, sich weder an der Genmanipulation noch an der Herstellung von Giften und Waffen beteiligt. Bedenken wir jedoch: Schon wer von Unrecht weiß und dazu schweigt, macht sich mitschuldig.

Ein weiterer bedenkenswerter Aspekt: Auch mit unseren kriegerischen, also gegen unseren Nächsten gerichteten Gedanken tragen wir zum Ausbruch von Kriegen und Konflikten bei. Und: Das »ganz normale« Leben des heutigen Menschen ist in vielfacher Hinsicht gegen die Natur gerichtet.

Wer sich dies und anderes mehr bewußt macht, der wird erkennen, daß auch er seinen Anteil an der Gesamtschuld der Menschheit hat. Durch Erkennen und Bereinigen können wir mit der Kraft Christi manches tilgen. Was nicht bereinigt ist, wird durch Abtragung aufgelöst, gleich umgewandelt, denn kein Quentchen Energie geht verloren.

Die vom Menschen ausgehenden Disharmonien bewirken in den Elementarkräften Spannungen und Turbulenzen; sein katastrophales Verhalten führt zu Erdkatastrophen

Jeder Mensch ist Teil der Menschheit, Teil der Erde, der Atmosphäre, des Sonnensystems, des materiellen Kosmos; des weiteren ist der Mensch – seine Seele – Teil der Reinigungsebenen, und – über seinen unbelastbaren Wesenskern – Teil des großen Ganzen, also des Universums, der unendlichen Kraft, die Gott ist. Gehen wir davon aus, daß alles in allem enthalten ist, so ist auch die ganze Menschheit an dem rhythmischen Ablauf unseres Sonnensystems beteiligt.

Der Mensch als irdische Lebensform ist gleichsam das Kind der Mutter Erde. Jeder Mensch besteht aus Wasser und Erde, und jeder Mensch atmet. Sein Körper ist warm durch die Zufuhr von Nahrung, von Energie. Das Leben der irdischen Hülle, die der Seele die Inkarnation ermöglicht, ist also aufgebaut und wird erhalten von den vier Elementarkräften:

Feuer – gleich Sonne –, Wasser, Erde und Luft. Jeder Mensch steht also, ob es ihm bewußt ist oder nicht, in enger Kommunikation mit den Elementen. Kommunikation heißt Fluß und somit Austausch von Informationen.

Die gesamte Menschheit kann nicht ohne das Wirken dieser vier Elementarkräfte bestehen. Da der Mensch in den Ablauf der Elementarkräfte eingebunden ist und mit ihnen kommuniziert, wirkt er auch auf diese ein. Daraus folgt: Die Menschheit mit all ihrem Für und Wider nimmt über die Elementarkräfte Einfluß auf die Gestirne unseres Sonnensystems, und diese wiederum nehmen Einfluß auf die Elementarkräfte. Den Kreislauf Menschheit – Elementarkräfte – Gestirne und Gestirne – Elementarkräfte – Menschen bestimmt die Menschheit durch die Ausstrahlung jedes einzelnen.

Die Ausstrahlung jedes Menschen ist unterschiedlich, und entsprechend ist die unterschiedliche Wirksamkeit der Elementarkräfte auf die Erde. Das bedeutet: Die vielen unterschiedlichen Energien, die vom Menschen ausgehen, wirken auf die Elementarkräfte ein und prägen deren Aktivität und Einwirkung auf die Erde. Was der Mensch in seinem Fühlen, Empfinden, Denken, Reden und Handeln an Gesetzwidrigem hervorbringt, also Disharmonien, Dissonanzen und Manipulationen, das bewirkt im Walten der Elementarkräfte wiederum Disharmonien, Spannungen und Turbulenzen. So schuf und schafft der Mensch nicht nur das Schicksal des einzelnen, sondern ein jeder und in der Gesamtheit die Menschheit, schuf und schafft so mit an den Erdkatastrophen.

Das katastrophale Verhalten des einzelnen und der Masse baut sich als Negativenergie auf, in der Atmosphäre der Erde sowie auf und in der Erde selbst. Verbinden sich dann gleiche und ähnliche Energien in einem Kulminationspunkt, so können Vulkanausbrüche, Erdbeben, Stürme und dergleichen die Folge sein. Nicht zu übersehen sind auch die Massenverlagerungen durch die Konzentration von sogenannten »Wolkenkratzern« in Riesenmetropolen, durch Staudämme und dergleichen, die sogar auf die Rotation der Erde einwirken. Auch durch das Roden von Wäldern wird der Atem der Lunge der Erde beeinträchtigt. Die Dissonanzen, die Spannungen in den aus dem Gleichgewicht und aus der gottgewollten Ordnung geratenen Elementarkräfte entladen sich auf vielfältige Art und Weise.

Wer die Erde, die Mutter der Menschheit, verunreinigt und malträtiert, schafft Ursachen. Auf jeden Menschen kommt sein entsprechender Anteil zu. Durch die Planetenkonstellation, die ihn aufgrund seiner Eingaben in die Kosmen steuert, wird er dann an dem Ort sein, wo die Erde, die Ernährerin der Menschheit, ihm jenen Teil der Wirkungen verabreicht, den er irgendwann durch sein Verhalten verursacht hat.

Jeder Planet unseres Sonnensystems ist mit der Erde verbunden und die Erde mit dem gesamten Sonnensystem. Das gesamte Sonnensystem, einschließlich der Menschen und der Naturreiche, steht wieder mit den beiden Kosmen, den Reinigungsebenen und dem materiellen Kosmos, in Kommunikation, die positiven Kräfte mit dem geistigen, dem ewigen Sein. Auch Frühling, Sommer, Herbst und Winter werden von der Sonne und den Planeten gesteuert, ebenfalls die vier Elementarkräfte. Greift der Mensch in diesen Gravitationshaushalt ein, dann stört er die Abläufe.

Inwieweit der einzelne sich durch sein Tun, aber ebenso durch seine Unterlassungen an diesen erdumspannenden Störmanövern beteiligt hat, das weiß nur die kosmische Buchhaltung, die präzise und gerecht jedes Gefühl, jeden Gedanken, jedes Wort und jede Handlung des Menschen wägt und speichert.

Jeder Baustein des Körpers hat ein Oberbewußtsein, ein Unterbewußtsein und ein Geistbewußtsein

Im Zuge der Entstehung des Menschen entstand auch ganz allmählich die Vergangenheit, also das, was im Leben des Menschen zurückliegt. Die Vergangenheit des Menschen schließt jene Belastungen mit ein, die nicht, wie von

Gott geboten, behoben wurden, denn Gott gebot: Bereue, bereinige, und sündige fortan nicht mehr. Es entstand die Gegenwart – das, was augenblicklich vor uns steht. Es entstand die Zukunft, in welche der Mensch Teile der Vergangenheit und gleichzeitig seine Wünsche und Sehnsüchte hineinprojiziert. Aus diesen Komponenten – Vergangenheit, Gegenwart und Zukunft – entwickelten sich das Oberbewußtsein und das Unterbewußtsein des Menschen. Das Oberbewußtsein beinhaltet das, was dem Menschen noch bewußt ist. Was in die Vergangenheit zurückgetreten, aber nicht aufgearbeitet wurde, ist das Unbewußte, das Unterbewußtsein.

Gott ist die Allgegenwart in allem. Da Er alles in allem ist, im Kleinsten das Große, im Großen das Kleinste und das Innerste in allem Sein, wirkt Er als die positive Kraft in allem. Infolgedessen bestehen im Menschen drei Bewußtseinslagen: Oberbewußtsein, Unterbewußtsein und das Geistbewußtsein, denn Gott ist Geist, und das göttliche Bewußtsein ist das Geistbewußtsein.

Jeder Baustein des physischen Körpers hat diese drei Bewußtseinsaspekte: Oberbewußtsein, Unterbewußtsein, Geistbewußtsein. Das Ober- und das Unterbewußtsein prägen den Menschen. Die Negativ-Engramme, die in diesen beiden Bewußtseinslagen gespeichert sind, gingen auch in die entsprechenden Bereiche der Partikelstruktur der Seele ein. Die Summe des Sündhaften, das aus unzähligen Frequenzen, gleich Schwingungsnuancen, besteht, ist darüber hinaus im materiellen Kosmos sowie im feinerstofflichen Kosmos der Reinigungsebenen bildhaft aufgezeichnet. Entsprechend den bildhaften Eingaben der Fallwesen und der Menschen in allen Zeitepochen ummantelten sich die Planeten. Ob Seele oder Mensch – was in unserer Seele nicht behoben ist, das ist auch in den beiden Kosmen nicht gelöscht. Mit diesen Eingaben bleiben wir in Kommunikation, als Seele und als Mensch.

Das Unbelastbare, der Wesenskern, das Geistbewußtsein, das in allem die Allgegenwart Gottes und die impulsgebende Kraft für das Gute ist, steht mit dem ewigen Sein in Kommunikation.

Die Verhaltensweisen jedes einzelnen, die seinen sündhaften Eingaben, aber auch der Kommunikation mit dem Guten, Gott, entsprechen, bilden den Rhythmus des Körpers, der wiederum das Nervensystem bestimmt, das als das Signalnetz des Menschen bezeichnet werden kann.

Unsere Haut – die Landkarte unserer persönlichen Eingaben in die Fallkosmen

Das flächengrößte Organ unseres Körpers ist die Haut. Über unsere Haut stehen wir mit dem, was uns umgibt, direkt in Verbindung. Über die Haut atmen wir, nehmen Stoffe auf, geben Stoffe ab. Unsere Haut birgt ein Netzwerk energetischer Lebensbahnen und Energiepunkte, sowohl die organisch lokalisierbaren Nerven als auch geistige Bahnen und Zentren, die unaufhörlich ausstrahlen, also senden, und auch empfangen.

Warum ist das so?

Der Körper des Menschen ist aufgebaut aus dessen Für und Wider, aus dessen Licht und Schatten. Jede Zelle, jedes Gen, jedes Blutkörperchen, jedes Organ spiegelt wider, wer wir sind.

Im ganzen kosmischen Universum, in den Fallkosmen und in dem ewigen Sein, gibt es nichts Statisches und nichts Abstraktes, nichts, was uns nicht etwas sagen möchte. Also sprechen auch die Partien der menschlichen Haut ihre Sprache. Die Hautschichten, die den Körper umschließen, gleich verschließen, und alles, was in ihnen – für uns Menschen sichtbar oder unsichtbar – aufgezeichnet ist, bilden zugleich die Landkarte unserer persönlichen Eingaben in den materiellen Kosmos und in den feinerstofflichen Kosmos der Reinigungsebenen. Da alles in allem enthalten ist, auch das göttliche Sein in der Materie, schimmert auch auf der Haut hin und wieder das ewige Sein hindurch.

Die Hautpartien des Körpers, die feineren und gröberen Linien, wie wir sie von Händen, Füßen her kennen, die Falten und Fältchen im Gesicht, am Hals und überall am Körper, die Struktur der Haut und ihre Punktierungen, die zarten Linienmuster und Ellipsen, die z.B. in unseren Fingerabdrücken sichtbar werden – all das sind Merkmale, Zeichen der Individualität und der spezifischen Integration des einzelnen in die Kosmen. Keine Hautpartie eines Menschen – ihre Struktur, Punktierung und Zeichnung – gleicht der eines anderen Menschen.
Warum ist das so?

Die Frage »Warum?« erschließt uns tiefere Erkenntnis. Das Prinzip »Senden und Empfangen«

Jeder Mensch ist ein kosmischer Mensch. Mancher wird diese Aussage einfach hinnehmen und nicht weiter darüber nachdenken. Viele von uns fühlen sich nur als Menschen mit ihren menschlichen Schwächen und Stärken. Wir nehmen die Ereignisse unseres irdischen

Lebens als gegeben hin, ohne weiter darüber nachzudenken. Das ist unsere kleine Welt, unser Leben, und darüber hinaus gibt es vermeintlich nur noch belanglose Dinge. So blicken wir auch auf den uns sichtbaren, materiellen Kosmos, machen uns jedoch selten Gedanken, welche Bedeutung wohl die erforschten und noch nicht erforschten Milchstraßen mit ihren unzähligen Sonnensystemen haben. Bestehen diese mächtigen Energiequellen nur, um zu strahlen und zu leuchten, oder haben sie einen Einfluß auf die Erde und uns Menschen?

Wir nehmen vieles hin und fragen selten, warum. Die schlichte Frage »Warum?« kennzeichnet den frei denkenden Menschen, der mit wahrem Forschergeist den Dingen – und auch sich selbst – auf den Grund geht. Es ist der Mensch, der sich nicht mit dem äußeren Erscheinungsbild zufriedengibt, sondern der tiefer blickt und bestrebt ist, die inneren Zusammenhänge zu erfassen. Er ist der »unbequeme Zeitgenosse«, von dem eingangs die Rede war.

Im ganzen All gilt das eine Prinzip: Senden und Empfangen. Dieses Prinzip ist der Schlüssel zum Verständnis vieler Vorgänge um und in uns.

Wissenschaftler entdeckten z.B., daß Informationen durch Telefon, Rundfunk oder Fernsehen über einen künstlichen Himmelskörper –

wir nennen ihn Satelliten – einfacher, schneller und in weit besserer Qualität verbreitet werden können, als wenn man nur an der Erdoberfläche bleibt. Warum ist das so? Astronauten werden in das Weltall geschickt, die von dort über Funk zu ihrer Bodenstation Informationen über den Planeten Erde übermitteln können, die von der Erde aus nicht erkennbar sind. Warum? Warum können wir zu einer bestimmten Zeit in unseren Wohnzimmern auf dem Bildschirm des Fernsehgerätes einen Film sehen, der zur gleichen Zeit irgendwo auf der Erde in einem Funkhaus abgespielt wird? So gelangt eine Information mittels Radiowellen in den Weltraum zu einem Satelliten und von dort in unser Wohnzimmer. Auf dem gleichen Weg empfangen wir auch Radioprogramme und Telefongespräche. Warum ist das so?

All diese Vorgänge beruhen auf dem Prinzip »Senden und Empfangen«. Der Satellit im erdnahen Kosmos dient als Empfangs-, Speicher- und Sendestation. Diese Station spricht auf einen bestimmten Schwingungs- oder Frequenzbereich an, auf dem sie empfängt, und sie sendet ihrerseits auf einem bestimmten Schwingungs- oder Frequenzbereich. Jeder Satellit arbeitet in einem anderen Frequenzbereich. Auf der Erde werden von einer Bodenstation Bild- oder Toninformationen auf eine Trägerfrequenz geladen, die der Empfangsfrequenz des Satelliten entspricht, und zu diesem gesendet. Der Satellit erkennt die Frequenz, nimmt sie auf und gibt sie mit seiner Sendefrequenz wieder in Richtung Erde ab. In dem Bereich der Erde, der dem Satelliten zugewandt ist, kann diese Frequenz des Satelliten von jedem aufgenommen werden, der einen Empfänger besitzt, der auf eine der Sendefrequenzen des Satelliten entsprechende Empfangsfrequenz eingestellt ist. Es genügen bereits geringe Energiemengen, um die Kommunikation Erde – Satellit – Erde herzustellen. Ein Empfangsapparat löst dann die auf der Trägerfrequenz befindlichen Informationen auf und wandelt sie wieder in Bild- und Toninformationen um, die wir als Sprache, Musik und Bilder mit unseren Sinnen wahrnehmen können.

Wir Menschen sind stolz auf diese Errungenschaften. Wir rühmen den technischen Fortschritt und das Hirn wissenschaftlicher Genies, das immer ausgeklügeltere Erfindungen kreiert. Und doch: Was Wissenschaftler damit erfunden haben, ist nichts anderes als ein Versuch, die Funkstationen des Kosmos nachzuahmen, und somit ein schwaches Abbild von kosmischen Gegebenheiten und Vorgängen – von Vorgängen, die ohne das Dazutun von irgendwelchem Personal mit absoluter Präzision und Gerechtigkeit ablaufen.

Die Kosmische Uhr -
der Kosmos der Materie
und der Kosmos der Reinigungsebenen -
und das Urwerk, das ewige Sein

Kehren wir zurück zu dem gigantischen Weltall mit seinen präzis funktionierenden Kosmen, der Kosmischen Uhr und ihrem Pendelschlag. Der Kosmischen Uhr sendet ein jeder von uns seine Eingaben zu. Dies geschieht gleichsam automatisch, nämlich durch das Hinsenden der immer gleichen und ähnlichen Gefühle, Gedanken und Worte. Von dort empfangen wir auch wieder das, was wir eingegeben haben. Diese unsere Eingaben und deren Empfang können mit der Zusendung von Frequenzen an Satelliten und deren Rücksendung zu unseren Rundfunk- und Fernsehgeräten verglichen werden.

Die Kosmische Uhr besteht aus sieben mal sieben feinerstofflichen Ebenen – den Reinigungsbereichen der Seelen –, an die sich der materielle Kosmos anschließt. In diesen Ebenen, einschließlich des materiellen Kosmos, pulsieren und kreisen unzählige Sonnensysteme, die, je nach Lichtintensität und Ausstrahlung, ihren spezifischen Magnetismus haben.

Jeder Mensch und jede Seele ist ein Mikrokosmos in diesen Makrokosmen. Jedes Fehlverhalten des einzelnen, also alle Zuwiderhandlungen gegen die Gesetzmäßigkeiten des ewigen Seins, werden dort entsprechend ihren Frequenzen energetisch gespeichert. Die Speicherungen in diesen beiden Kosmen sind die Antriebskraft und der Pendelschlag für das Schicksal, das dem Sender – der zugleich Empfänger ist – das Seine zuteilt bzw. »zuschickt«. Diese beiden Kosmen bildeten sich, und sie gestalten und verändern sich weiterhin durch die nicht bereinigten Eingaben der Menschen aller Generationen in Vergangenheit, Gegenwart und Zukunft.

Dieses Uhrwerk ist nicht das Ur-Werk des ewigen Seins. Denn nur ein Prinzip besteht ewig – es ist das geistig-göttliche Prinzip des ewigen Seins, der ewigen Gegenwart, GOTT, in der es weder Vergangenheit noch Zukunft gibt, also keine Zeit.

Das Uhrwerk – die Kosmen der Reinigungsebenen und der Materie – gleicht in seinem Aufbau dem ewigen Ur-Werk, dem ewigen Sein – mit dem Unterschied, daß es im Fallbereich heruntertransformierte Gottesenergien sind, die durch die Fehlentscheidungen der Fallwesen und der Menschen entsprechend geprägt wurden.

Das gigantische Urwerk, das reine Sein, besteht aus der alles durchstrahlenden Urzentralsonne, den sieben Prismensonnen und den sieben mal sieben Himmelsebenen mit ihren unzähligen geistigen Sonnensystemen. Dieses Werk Gottes ist ewig. Es bewegt sich in den von der Urzentralsonne, dem Allgeist, Gott, vorgegebenen Rhythmen, die nach dem Lebensprinzip, dem Aus- und Einatmen, gleich Senden und Empfangen, des Allgeistes GOTT ablaufen. Aus der zyklischen Aus- und Einatmung des allwaltenden Geistes GOTT ergeben sich die spezifischen elliptischen, rhythmischen Läufe um die Urzentralsonne.

Die vollendeten Schaffungen Gottes, die Formen der reinen Wesen der Himmel, sind dem Aufbau des ewigen Seins gleich, der Seinsstruktur der Himmel und dem Lauf, also der Bewegung der Gestirne. Jeder vollendete geistige Körper ist formgewordener Geist, von Gott, dem ewigen Sein, geschaffen und geformt nach Gottes Bild – Sein Ebenbild. Diese Formen, die göttlichen Wesen, sind, wie das Wort sagt, göttlich. Aus dem alldurchströmenden, ewigen Geist, der alles beatmet, schuf und schafft das ewige Prinzip Seine göttlichen Evolutionswerke, läßt Seine Kräfte Form werden und sich entfalten in geistigen Mineralien, Pflanzen und Tieren, bis hin zu den vollendeten göttlichen Wesen, den Geistwesen. Alles, was ist, ging und geht aus der einen Kraft, der einen Substanz, dem ewigen Geist, der ewigen Liebe, Gott, hervor. Jede Form, auch die Evolutionsform, in der noch nicht alle göttlichen Kräfte entfaltet sind, trägt in sich bereits das

Ganze, Gott. Alles geistig Formgewordene ist somit die Essenz aus dem ewigen Seinsstrom, dem ewigen Atmungsprinzip, Gott.

Das »Urwerk«, Gott, ist keine Uhr, sondern urewiges Sein, das Schöpfungswerk des Vater-Mutter-Gottes, des Urprinzips, das war und ist ewiglich.

Jeder Mensch bestimmt durch seine Eingaben seinen individuellen Pendelschlag, sein künftiges Schicksal

Um den Pendelschlag der Kosmischen Uhr und seine Bedeutung für uns ganz zu erfassen, vergegenwärtigen wir uns noch einmal den Zusammenhang:

Die Kosmische Uhr, der materielle Kosmos und der Kosmos der Reinigungsebenen, entwickelte sich erst seit Beginn des Falls der Kinder Gottes. Mit dem ersten Fallgedanken – sein zu wollen wie Gott – baute sich durch die nicht behobenen gegensätzlichen Eingaben die Kosmische Uhr auf. Durch das Weiter-Sündigen und durch das Zurücklassen der unbereinigten Sünden entstand die Vergangenheit, durch das gegenwärtige Sündigen die sündhafte Gegenwart, die dann, wenn sie nicht rechtzeitig bereinigt wird, wiederum der Vergangenheit angehört. Aus Gestern und Heute entstand und entsteht die Zukunft. Jeder Fall, das heißt jedes unbereinigte Sündhafte, sei es ein Gefühl, ein Gedanke, ein Wort oder eine Handlung, wird Vergangenheit. Das Unbereinigte ist jedoch nicht vergangen, nicht aufgehoben oder aufgelöst – es gehört nur der Vergangenheit an, die gemäß ihren Speicherungen die Zukunft des Programmierers, des Eingebenden, ist.

Wir sind es gewöhnt, alles im linearen Ablauf der irdischen Zeit zu sehen. Doch letztlich ist immer Gegenwart, denn Gott ist ewige Gegenwart. Unsere Vergangenheit ist, geistig gesehen, ein Negativ-Energiepotential, das gleichsam noch nicht den Charakter, das Wesen der Gegenwärtigkeit, des Seins, hat, weil es noch bereinigt, gleich umgewandelt, also hinauftransformiert werden muß. Im ewigen Sein gibt es keine Vergangenheit und Zukunft; es gibt eben das Sein – Kraft, Licht, Energie, sowohl fließend als auch geformt –, es gibt Verläufe im Sinne des Schaffens und der Evolution, gleich der Entfaltung und des Reifens.

Die Planetenkonstellation, in der sich bestimmte Eingaben eines Menschen befinden, strahlt diese dem Urheber erst dann zu, wenn sie sich der Erde zuneigt und aufgrund der Kommunikation mit dem Menschen – Gleiches kommuniziert mit Gleichem – aktiv wird.

Was Vergangenheitswert hat, was also in den Kosmen gespeichert bleibt, hat auch Zukunftsbedeutung. So, wie z.B. ein Gedanke ge-

52

dacht wurde, entsprechend seinen Inhalten und so, wie er weiter gepflegt wurde und wird, bekommt er vom Denker die spezifische Prägung. Zugleich prägt sich der Mensch selbst durch diesen Gedanken und wird so zur Empfangsstation. Die Prägung, die sich je nach den Inhalten des weiter Gedachten aufbaut, geht als weiteres Sendepotential in die Kosmische Uhr ein. Diese Prägung bestimmt, zusammen mit den Inhalten aller Gefühle, Empfindungen, Gedanken, Worte und Handlungen aller Menschen, das Pendel und den Pendelschlag der Kosmischen Uhr. Jeder einzelne Mensch bestimmt durch seine Eingaben seinen individuellen Pendelschlag innerhalb des Gesamtpendels. Das ist dann seine Zukunft und unter Umständen in der Zukunft sein Schicksalsschlag.

Dazu ein in unsere Zeit heruntertransformiertes Bild: Denken wir an eine Uhr mit Zifferblatt und Pendel. Das Pendel hat einen rhythmischen Schlag und bewegt die Zeiger. Schlägt z.B. die Uhr zehn oder zwölf Uhr, dann kann beim fünften Schlag, beim achten Schlag oder beim zehnten oder zwölften Schlag unser persönliches Pendel ausschwingen und uns den entsprechenden Schicksalsschlag bringen. Bevor uns jedoch ein Schicksal trifft, berührt unser Pendel aus dem gesamtkosmischen Pendel aller Menschen immer wieder unser Bewußtsein, um uns zu erinnern, in unsere Gefühle und Gedanken einzuspiegeln, was zu bereinigen wäre, bevor unser Pendel ausschlägt und den Schicksalsschlag herbeiführt.

Das Energie-Bild-Volumen aller Menschen bestimmt die Geschwindigkeit der Pulsation und Rotation aller Gestirne in den Fallkosmen. Entsprechend trifft auch den einzelnen sein Pendelschlag

Die Gefühle, Empfindungen, Gedanken, Worte und Handlungen jedes einzelnen Menschen sind sein Energiepotential. Was und wie der Mensch fühlt, empfindet, denkt, spricht und handelt, drückt er in Bildern aus. Sein ganzer »Lebensfilm«, der sich als Energiepotential durch Seele und Körper zieht, ist bildhaft. Dementsprechend ist der Mensch geprägt, entsprechend sind sein Körperbau, seine Körperstruktur und seine Hautschichten.

Das gesamte Energievolumen aller Menschen ist ein riesiges Sende- und Empfangspotential, das auch auf die Erde einwirkt. Je mehr Menschen auf der Erde gegen die göttlichen Gesetze verstoßen, um so größer wird das Sündenpotential, das negative Sende- und Empfangspotential der Menschen. Dieses enorme Energievolumen der Menschheit prägt die Fallkosmen, das Uhrwerk. Die gewaltigen Energieströme, die von uns Menschen ausgehen, treiben das Uhrwerk an; sie bestimmen die Geschwindigkeit der Pulsation und Rotation aller Sonnensysteme in diesen beiden Kosmen, auch die Bewegung jedes einzelnen Gestirns, einschließlich der Erde.

Das gesamte Energie-Bild-Volumen der Menschen aller Generationen prägte und prägt also die Gestirne beider Kosmen. Gemäß den Eingaben aller Menschen geht das Pendel des kosmischen Uhrwerks langsamer oder rascher, und somit erfolgen die Pendelschläge für den einzelnen entweder in längeren oder in kürzeren Zeitabständen: Das bedeutet: Die Wirkungen seiner Ursachen – seiner Verfehlungen – kommen in langsamer oder rascher Folge auf den Menschen zu. Die Bewegung, die Frequenz des Pendels und der Pendelschlag entsprechen also der Vielzahl der Menschen mit ihren sündhaften Eingaben bzw. deren Bereinigungen. Gemäß diesen Einwirkungen auf die Kosmen, die die Bewegung des gesamten Fallgefüges bestimmen, trifft auch jeden einzelnen Menschen sein persönlicher Pendelschlag, eventuell sein Schicksalsschlag.

Die kosmische Landschaft, in der alle Sonnensysteme beider Kosmen und die Bewegung für den einzelnen entsprechend seinen Eingaben verzeichnet sind, ist zugleich als Essenz im Hautnetzwerk jedes Menschen. Unsere Haut könnten wir also als Landkarte, als energetisches Abbild der Kosmen und als differenzierten Schwingungsträger bezeichnen. Markante – sichtbare oder unsichtbare – punktuelle Bereiche der Haut können komprimierte Positiv- oder Negativ-Engramme sein, also überwundene oder noch belastende Sünden. Alle Bausteine des materiellen Körpers – der gesamte physische Mensch – sind gemäß ihrer Schwingungszahl, ihrer Frequenz, im materiellen Kosmos als Schwingungsenergie oder formgebender Ausdruck wirksam – einerseits zur Gestaltung des physischen Leibes, andererseits zur Prägung der Planeten. Darüber hinaus gibt die Seele des Menschen ihre Eingaben in die Planeten der Reinigungsebenen, die dann, wenn ihr Mensch, die physische Hülle, hingeschieden ist, ihren Seelenkörper und den weiteren Verlauf ihres Weges prägen.

Ähnlich, wie die Menschheit den materiellen Kosmos zeichnet, trägt jede Seele im Menschen bildhaft formgebend und im Gesamt-Energie-Bild-Volumen zur Art der Rotation und Pulsation und Gestaltung der Planeten der Reinigungsebenen bei.

»Glücksmomente« – die Chance
zur Bewußtseinserweiterung.
Über die Sinneswahrnehmung
erhalten wir Anstöße zur Bereinigung
zurückliegender belastender Situationen

Jeder Mensch ist als Mensch s e i n e Welt
in Bild und Ton. Über unsere fünf Sinne – in
Verbindung mit unserem Fühlen, Empfinden,
Denken, Sprechen und Handeln – schaffen wir
unsere Welt, die gleichsam unser persönlicher,
begrenzter Lebensraum ist, in dem wir uns bewegen, in dem wir agieren und reagieren. Jeder Mensch lebt also in s e i n e r Welt, die
aus den Bildern besteht, die er selbst geschaffen hat. Keiner von uns sieht über den Horizont seines eigenen Bildvolumens und seiner
eigenen Tonqualität hinaus.

Die Welt des einzelnen nennen wir seinen
Bewußtseinsstand. Der Bewußtseinsstand eines
Menschen verändert sich – das heißt, er engt
sich ein, oder er erweitert sich – ausschließlich
auf dem Weg über seine Lebens-, gleich Filmspule, über Bild und Ton.

Wir sehen, hören, riechen, schmecken und
tasten. Im Wachzustand sind unsere Sinne unermüdlich tätig. Wir sehen z.B. eine Landschaft. In unserer inneren »Filmspule« ruft diese sofort Assoziationen ab – Begebenheiten, die
mit unserer augenblicklichen Situation nicht

unbedingt im Zusammenhang stehen müssen. Es ist eventuell nur ein Detail der Landschaft, von dem der Impuls ausgeht. Die Assoziationen bringen eine Gedankenkette in Aktion, die uns z.B. ein Bild aus der Jugend aufzeigt, als wir mit Freunden unterwegs waren. Gleichzeitig kommt in dieses Bild der Ton: Wir hören, was wir gesprochen haben. Ebenso fällt uns wieder ein, wie wir uns verhalten und was wir nach diesem gemeinsamen Spaziergang getan haben.

Diese Assoziationen, die wir z.B. durch ein Landschaftsbild abrufen, durch eine Augenblicksaufnahme, wollen uns jetzt, in den Minuten der Rückerinnerung, etwas sagen. Der bequeme Zeitgenosse wird diese Erinnerungen eventuell kurzerhand beiseiteschieben, weil ihm das, was ihm sein Lebensfilm präsentiert, nicht gefällt. Er möchte sich nicht betrachten, sich nicht erkennen und nicht bereinigen. Eine leise Gewissensregung erstickt er im Keim und weist in Gedanken erneut seinem Nächsten die Schuld an seinem Verhalten zu. Dann verschließt er sich rasch vor der Erinnerung, in der Annahme: Das Ganze ist vergangen und muß mich nicht mehr kümmern. Wer die geistigen Zusammenhänge kennt, weiß: Der bequeme Zeitgenosse hat eine Chance in seinem irdischen Leben vertan.

Der unbequeme Zeitgenosse, jener Mensch, der sich dem Leben und auch seinem eigenen

Ego stellt, der weiß, daß wir für alles, was wir gefühlt, gedacht, gesagt und getan haben, verantwortlich sind und über die Einstrahlung der Gestirne von der Energie unserer eigenen Eingaben zur Rechenschaft gezogen werden, der wird sich anders verhalten. Er weiß: Die Augenblicke, in denen aus unserem Unterbewußtsein einige Aspekte unseres Fehlverhaltens empordämmern, sind für uns Menschen gleichsam Glücksmomente, die uns zeigen, was in unserer Filmspule, in unserem Unterbewußtsein, in der Seele und in den Gestirnen aufgezeichnet ist. In diesen Glücksmomenten, diesen Glücksminuten, ist uns die Möglichkeit gegeben, Dinge aus der Vergangenheit zu erkennen und zu bereinigen, also Bilder auf der Filmspule – und somit Eingaben in der Kosmischen Uhr – zu löschen, um uns den Weg in höhere Bewußtseinsgrade zu ebnen.

Durch Bereinigung von zurückliegenden Engrammen erweitert sich der Horizont unseres geistigen Bewußtseins. Wir werden einfühlsamer, bewußter und positiv-zielstrebiger. Durch solche Glücksmomente, die wir auch auf dem Weg über den Gehör-, Geruchs-, Geschmacks- und Tastsinn erleben, können wir belastende Engramme bereinigen und so ein positiveres, gesünderes und glücklicheres Leben erlangen.

Die positive Kraft in uns ist immer die Christus-Gottes-Kraft, das kosmische Sein, das uns beisteht, uns höher zu entwickeln und in ein mehr und mehr geistig orientiertes Leben, in das Leben im Geiste Gottes zu finden.

Nach ihrer Schwingungszahl, gemäß Farbe, Form und Klang, sind alle Bausteine eines jeden physischen Körpers in entsprechend schwingenden Gestirnen des materiellen Kosmos gespeichert

Es wurde gesagt, daß der Mensch ein kosmischer Mensch ist in bezug auf den Kosmos der Materie und die Seele eine kosmische Seele in bezug auf den Kosmos der Reinigungsebenen. So sind z.B. die unzähligen Milchstraßen des materiellen Kosmos hochgradige Energieströme, in denen alle Frequenzen der Blut- und Lymphströme aller Menschen aufgezeichnet sind.

Eine große Anzahl Planeten, vorwiegend in den Milchstraßen des materiellen Kosmos, sind Energiespeicher und Energiequellen für die Zellstruktur der physischen Körper der Menschen, für das Ober- und Unterbewußtsein jeder Zelle. Jede Zellmembran entspricht dem Schwingungskreis eines Sonnensystems oder eines Planeten, wobei mit »Planet« hier allgemein ein Gestirn gemeint ist. Alle Organe und

alle Strukturformen der Blut- und Lymphge-
fäße, der Hormone, Drüsen, Knochen usw.
sind entsprechend ihrer Frequenz – gleich ihrer
Form, ihrer Farbe, ihrem Klang, ihrem Duft – in
den Sonnensystemen des materiellen Kosmos
gespeichert und sind gleichsam der Ausdruck
des jeweiligen Planeten.

Alle Bausteine des physischen Leibes haben
ihre spezifischen Schwingungen, entweder höhere oder niedere, je nach der Belastung des
Ober- und des Unterbewußtseins. Die Frequenz jedes Bausteins eines physischen Körpers hat eine entsprechende Farbe, eine entsprechende Form und auch den entsprechenden Klang und Duft. Die Gesamtheit Farbe,
Form, Klang und Duft bildet den Klangwert
des Körpers, der sich wiederum in Frequenzen
ausdrückt. Dieser Klangwert ist in dem Sonnensystem gespeichert, das diesen Frequenzen
entspricht.

Alles Grobstoffliche, alles Materielle also,
auch die Tierkörper der verschiedensten Arten
und Formen und alle Pflanzenarten, die wiederum ihre entsprechenden Formen, Farben,
Klänge und Düfte haben, ist gemäß seiner
Schwingungszahl in den gleich oder ähnlich
schwingenden Gestirnen des materiellen Kosmos gespeichert. Das gleiche gilt für alle Mineralien in flüssiger oder komprimierter Form.
Ihr Strahlungswert, der sich wiederum in
Farbe, Form, Klang und Duft zum Ausdruck

bringt, ist – gemäß der Frequenz jedes Atoms, jedes Moleküls – in den Planeten des materiellen Kosmos gespeichert, die deren Schwingungszahl entsprechen. Daraus geht wiederum die Form und der Ausdruck dieser Sonnensysteme hervor, ihre Farbe, ihre Form, ihr Duft, ihr spezifischer Klang.

Jeder Mensch gestaltet durch seine Eingaben die Planeten des materiellen Kosmos und die der Reinigungsebenen. Die Aufgabe der Schwarzen Löcher

Der materielle Kosmos und der Kosmos der Reinigungsebenen werden ausschließlich durch die Eingaben der Menschen gestaltet. Jede Veränderung auf der Erde ergibt auch eine Veränderung in den beiden Kosmen. Werden z.B. viele Menschen geboren, dann können auch wieder Sterne geboren werden, welche Speicherplaneten für die neu angekommenen Erdenbürger sind. Diese gestalten dann diese Planeten gemäß ihren Verhaltensweisen. Sie geben ihnen gleichsam ihr Bild und ihren Ton ein, woraus sich der Klang und die Gestaltung des Planeten ergibt.

Unzählige Menschen mit gleichen und ähnlichen Schwingungstendenzen können z.B. einen Planeten oder darüber hinaus ein ganzes Sonnensystem mit ihrem Bild- und Tonmate-

rial gestalten. Diese grobstofflichen Eingaben
werden teilweise von den Gestirnen der Reinigungsebenen für das Ankommen dieser Seelen
übernommen.

Ein Beispiel: Tausend Menschen gestalten
mit ihren gleichen und ähnlichen Eingaben
einen oder einige Planeten im materiellen Kosmos und in den Reinigungsebenen. Sterben
nun diese tausend Menschen, dann sind ihre
Eingaben die Magneten, die Bahnen, gleichsam
die Straßen zu ihrem Aufenthaltsort auf dem
Reinigungsplaneten, der den augenblicklich
aktiven Eingaben der Seelen entspricht. Tausend Seelen werden nicht zusammen wohnen.
Jede Seele oder eine Seelengruppe hat auf einem Planeten einen Aufenthaltsort, der nach
ihren Eingaben gestaltet ist. Das ist für die
Seele dann ihr Heimatort. Ähnlich ist es bei
uns Menschen. Haben wir in Vorinkarnationen
z.B. in Australien oder in Deutschland an einem bestimmten Ort unseren Bild- und Ton-
magnetismus zurückgelassen, dann werden
wir dort wieder inkarnieren, wenn diese Bild-
und Tonschwingungen aktiv sind. Dann leitet
uns eine kosmische Planetenkonstellation auf
die Bahn zu dieser Einverleibung.

Es ist also kein Zufall, ob wir als Seelen an
diesen oder jenen Orten der Reinigungsebenen
leben, wie es auch kein Zufall ist, daß wir als
Mensch an diesem oder jenem Ort der Welt
Tage, Wochen, Monate oder Jahre leben.

Sterben viele Menschen mit gleichartigen Schwingungstendenzen, so ist es möglich, daß auch im materiellen Kosmos Sterne, also Planeten, erlöschen. Sie werden von den »Schwarzen Löchern« angezogen, um sich dort umzuwandeln, entweder in höhere geistige Energien oder zu einer weiteren materiellen Planetengeburt. Das Sterben in der Natur, die Veränderungen der Mineralien, das Sterben der Pflanzen und Tiere, alles wird zuerst im materiellen Kosmos registriert. Je mehr Menschen oder Tiere sterben, desto mehr dunkle Löcher wird es geben, die Speicherplaneten einsaugen, die dann dort für geistige Substanz oder wieder für materielle Substanz aufbereitet werden. Wie auf der Erde ein beständiges Kommen und Gehen ist, ähnlich ist es auch in der Sternenwelt des materiellen Kosmos.

Das Nerven- und Hautnetz des Menschen und der Tiere entspricht der Landkarte der Kosmen. Die entsprechenden Eingaben bilden die Landschaft

Das Nervennetz, ebenso das Hautnetz jedes Menschen und jeder Tiergattung entspricht der Landkarte der Kosmen. Die Landschaften entsprechen den Eingaben der Menschen und dem,

64

was der einzelne seinen Mitmenschen und den Tieren – ebenso den Pflanzen und den Mineralien in fester und flüssiger Form – zugefügt hat. Jede persönliche Eingabe des Menschen, ob es positive oder negative Engramme sind, bildet eine Kommunikationsbahn zwischen den Planeten, in denen diese Eingaben gespeichert sind, und der Seele des betreffenden Menschen sowie über die Seele zu den Bausteinen seines physischen Körpers, welche schwingungsmäßig den Eingaben gleichen.

Ebenso bestehen energetische Bahnen, Verbindungen und somit Kommunikationen zwischen den irdischen Naturformen – ob es Tiere, Pflanzen oder Mineralien sind – und den entsprechenden Speicherungen in Gestirnen der Fallkosmen. Auch die Belastung, die der Mensch sich durch Eingriffe und Einwirkungen auf die Naturreiche geschaffen hat, ist als Engramm in seinem Organismus, in seinem Blut, in seinen Genen sowie in seinem Haut- und Nervennetz genauestens verzeichnet.

Was geschieht, hinterläßt in vielfacher Weise seine energetische Spur, seinen Eindruck. Sind die Prägungen negativ, so müssen sie gelöst und getilgt werden durch Bereinigung oder Abtragung. Positive Spuren, die sich aus der Umsetzung der göttlichen Gesetze ergeben, zeigen sich in der Entfaltung göttlicher Kräfte. Diese Evolutionsschritte zeichnen sich ebenfalls in den Formen auf der Erde und in den Kosmen ab.

Die Nervenpunkte im Menschen können mit Informations-, gleich Energiesammelstellen verglichen werden. Sie sind komprimierte Informationszentren, gleichsam Quellen, durch welche die Informationen, die aus der Seele über das Gehirn oder über das Hautnetz an die Organe des Körpers, also an seine entsprechenden Bausteine, weitergegeben werden. In dieses Kommunikationssystem Mensch und Kosmos bzw. Kosmos und Mensch sind, wie dargelegt, die Naturreiche und auch die Elementarkräfte mit einbezogen.

Die Menschheit aller Generationen bildet das Schaltpult der Kosmen, also der Kosmischen Uhr. Die Veränderungen jedes einzelnen Menschen werden jeden Augenblick in den Kosmen registriert, gespeichert, wieder gelöscht oder als positive Engramme – als Erfahrungen, Erinnerungen eventuell für eine weitere Inkarnation – festgehalten. Auch jede Veränderung auf dem gesamten Erdplaneten wird jeden Augenblick registriert. Wie sich der Mensch gegenüber seinen Mitmenschen sowie gegenüber den Mineralien, Pflanzen und Tieren verhält, wird in den Kosmen wahrgenommen und aufgezeichnet. Jede Veränderung der Tier- oder Pflanzengattung, auch das Quälen und die Qualen der Tiere, die Eingriffe in die Mineralreiche, die Mißhandlungen der Erde – wie z.B. durch atomare Versuche, überstarke Geräusche, Ablagerungen von giftigem Müll

66

bis hin zur künstlichen Düngung der Felder und widernatürlichen Spritzmitteln – werden in den Kosmen festgehalten.

Alles, was der Mensch gegen die Schöpfung, gegen das Gesetz der gebenden, selbstlosen Liebe, der Harmonie und des Friedens tut, wird in den Kosmen gewogen, gemessen und jedem Menschen entsprechend seinem Anteil zugeordnet. Alles Gute, das nach dem Gesetz der Liebe, der Harmonie und des Friedens unter den Menschen und gegenüber den Naturreichen geschieht, wird ebenfalls gewogen, gemessen und den Menschen zugeordnet, die daran Anteil haben. Jeder Anteil, der sich jedem einzelnen zuordnet – ob positiv oder negativ – wird in seiner Seele und in seinem Nerven- und Hautnetz festgehalten. Daraus ergibt sich jeden Augenblick der persönliche Rhythmus des Erdenlebens für jeden einzelnen Menschen und seine Tagesabläufe.

So kann gesagt werden: Kein Tag im Erdenleben des Menschen gleicht dem eines anderen, so wie kein Mensch dem anderen auf das Haar gleicht. Jeder Tag ist somit der Tag des einzelnen und nicht derselbe Tag für zwei oder drei Menschen.

Was wir während der zyklisch-rhythmischen Läufe unserer Zeit in den Kausalspeicher eingeben, kommt mit der Einstrahlung der entsprechenden Planetenkonstellationen wieder auf uns zu

Der Mensch teilte seine Zeit in Sekunden, Minuten und Stunden ein. Die Kosmische Uhr, die aus Zyklen und Rhythmen besteht, wirkt in den Zeitablauf des menschlichen Lebens hinein.

In den zyklisch-rhythmischen Läufen, die wir Zeit nennen, beschicken wir während des Tages den Kausalspeicher, die Kosmen, die Kosmische Uhr, gemäß unseren Eingaben, die aus den Werten unseres Fühlens, Empfindens, Denkens, Sprechens und Handelns bestehen. In die zyklisch-rhythmischen Läufe der Kosmischen Uhr geben wir während der Sekunden, Minuten und Stunden des Tages das ein, was uns – sofern es gegen die göttliche Ordnung verstößt und wir es nicht bereinigen – morgen treffen kann. Die Eingaben jedes einzelnen bestimmen seinen Körperrhythmus. Jeder gibt über seinen Körperrhythmus, der an die Planetenkonstellationen angeschlossen ist, die seine Eingaben tragen, selbst vor, wann was auf ihn zukommt – sei es ein Schicksal, ein Berufswechsel, ein Ortswechsel oder eine Reise in ein anderes Land, um dort eventuell einem Menschen zu begegnen, mit dem er eine karmische Bindung zu lösen hat, oder die Zeugung oder die Geburt eines Kindes oder das Miterleben des Sterbens eines Mitmenschen. Nichts ist Zufall, denn es ist kein Nichts im ganzen Universum.

Vergeht die Nacht, und zieht der Tag herauf, den wir als Licht oder Helligkeit bezeichnen, dann nennen wir das sich nähernde Licht den Morgen. Er beginnt, wenn sich ein Erdteil der Sonne zuneigt. Gegen 12.00 Uhr beginnt die Mittagszeit, und dieser folgt der Nachmittag. Mit Eintritt der Dämmerung fängt der Abend an. Doch im Bereich des Irdischen ist alles relativ; so ist für manchen schon Abend, wenn er seinen Arbeitsplatz verläßt und die Geschäfte schließen.

Während dieser Zyklen – Morgen, Mittag und Abend – speichert jeder Mensch die Kosmische Uhr für sich persönlich mit den Werten seiner Eingaben. Mit den Wertinhalten seines Fühlens, Denkens, Sprechens und Handelns bestimmt er seine kosmischen Zyklen und Rhythmen, die bei entsprechenden Planetenkonstellationen wieder auf ihn einwirken. Der Kosmos ist in ständiger Bewegung. Dadurch ändert sich jeden Augenblick die Konstellation der Gestirne zur Erde. Der Augenblick vergeht rasch. Was wir soeben gefühlt, empfunden, gedacht, gesprochen und getan haben, ist im

Nu vorüber. Doch, ob es uns bewußt war oder nicht – wir haben gesendet. Gemäß unserer Sendung werden wir empfangen. Deshalb ist es für uns von Bedeutung, was wir in die Kosmen eingeben; es kommt zyklisch und rhythmisch wieder auf uns zu, dann, wenn die entsprechende Einstrahlung der Gestirne uns trifft.

Der materielle Kosmos und der Kosmos der Reinigungsebenen haben nicht die Einteilung in Sekunden, Minuten und Stunden. Ihre Bewegungen sind Rhythmen, die der Mensch zum einen durch seine negativen Eingaben bestimmt, zum anderen, indem er diese bereinigt, nicht mehr tut und somit löscht. Die Kosmische Uhr wirkt also rhythmisch in den Ablauf der irdischen Zeit hinein. Unsere Zeit ist ebenfalls rhythmisch und verändert sich in der rhythmischen Spanne. Die Veränderung geht vom Verhalten der Menschen aus, das sich in den Kosmen auswirkt, z.B. dadurch, daß die Speicherungen in den Speicherplaneten zunehmen. Diese Negativenergien wirken wiederum entsprechend stärker auf die Menschen und ihr Verhalten ein. Daraus ergibt sich eine Beschleunigung der Zeit.

Wissenschaftlich können diese Veränderungen nicht gemessen und somit nicht belegt werden, weil die beiden Kosmen, die Reinigungsebenen und der materielle Kosmos, eins mit dem Menschen sind. In gleicher Weise, wie die Menschen auf die Kosmen einwirken, wirken die Kosmen auf die Menschen ein, nur in langen Rhythmen. Das Hineinstrahlen der Planetenkonstellationen in unsere Zeit erfolgt ohne Unterbrechung, ob es auf den Kontinenten der Erde Tag oder Nacht ist.

Unsere Seele bringt uns von ihrer nächtlichen Reise Antwort und Lösung mit, wenn wir selbstlos um die gesetzmäßige Lösung bitten

Der Lauf der Gestirne hat kein Gestern und kein Morgen. Wir Menschen haben die Zeitbegriffe geschaffen, u.a. weil zwischen Gestern, Heute und Morgen die Nächte liegen, die von uns – dann, wenn wir tief schlafen – als Zäsur empfunden werden, denn während unseres Schlafes haben wir keine Kontrolle über unseren Körper. Unsere Seele, die während des Tiefschlafs ihren Körper verläßt – sich also außerhalb ihres Gefährtes befindet –, erlebt in den Bereichen der Kosmen, die ihren Eingaben entsprechen, einen Teil ihres Seelenlebens. Dieses hat keinen Zeitbegriff. Die Seele erlebt jedoch Teile der Wertinhalte der Eingaben, die der Mensch während seines Lebens geschaffen hat.

Die Nacht gehört also allein der Seele, die sich auf ihren Kommunikationsbahnen und

auf jenen Ebenen und Planeten bewegt, die ihr
Mensch während seines Wachseins durch
seine Eingaben in die Kosmische Uhr bestimmt
hat und jeden Tag aufs neue bestimmt.

Wir wissen um das Ober- und Unterbewußtsein, das den Menschen, seine Persönlichkeit
prägt. Daraus ergeben sich seine Verhaltensmuster. Wer sich beobachtet, wer sich also be-
müht, die Inhalte seiner Gefühls- und Gedankenwelt kennenzulernen, der erlebt vielfach,
daß sein letzter Gedanke am Abend – kurz vor
dem Einschlafen – am Morgen auch sein erster
Gedanke ist. Warum ist das so?

Oder: Der Mensch denkt vor dem Einschlafen über ein Problem nach, das er während des
Tages nicht zu lösen vermochte. Am Morgen
hat er unter Umständen in seinen Gedanken
die Lösung des Problems. Was ist geschehen?

Das, was wir in uns bewegen, geben wir oftmals, ohne daß es uns bewußt ist, unserer Seele
mit auf ihre nächtliche Reise. Diese kann eventuell bei ihrer Rückkehr die Lösung mitbrin-
gen.

Wir können am Abend auch bewußt mit unserer Seele in Verbindung treten und den Got-
tesgeist bitten, uns zur Erkenntnis der gesetz-
mäßigen Lösung zu verhelfen. Dann ist es möglich, daß unsere Seele ganz gezielt – sofern dies
gut für unsere geistige Entwicklung ist und
keine Beeinflussung von anderen Seelen vorliegt – aus den Kosmen eine gesetzmäßige Lö-

sung mit in den Morgen, in unsere ersten Gedanken bringt.

Der Leser wird nun fragen: Wie kommt die Lösung aus den Gestirnen der Kosmen zum Menschen?

Steht heute ein Problem zur Lösung an, dann konnte dieses Problem nur aus den Kosmen kommen. Irgendwann wurde es von einem Menschen – allein oder im Verbund mit anderen Menschen – geschaffen. Aus den Kosmen wurde durch die Planeteneinstrahlung in dem Erdenleben der Beteiligten einiges angestoßen, das den Ursachen entspricht. Der Pendel der Kosmischen Uhr berührt also die Verursacher; die Wirkung zeigt sich an, bevor sie voll hereinbricht. Hält sich nun unsere Seele in der Nacht in den Kosmen auf, so kann sie dort klarer erkennen, was den Schwierigkeiten zugrunde liegt und wie sie zu bewältigen, zu lösen wären, um die Ursachen zu tilgen. Diese Erkenntnisse kann, so es im Willen Gottes ist, unsere Seele in unser Wachbewußtsein einfließen lassen, so daß uns die Lösung bewußt wird.

Was sich heute als Schwierigkeit oder Problem zeigte, ist also in den Menschen begründet, die daran beteiligt sind – also auch an uns, wenn wir davon betroffen sind oder davon wissen. Es ist ein gleich oder ähnlich schwingender Komplex, der von den Beteiligten gelöst werden möchte. Ist es nur ein Mensch, der dieses Problem schuf, dann kann dieser einen Teil der Lösung oder die Lösung des ganzen Problems erfahren, wenn er darin sein negatives, also gesetzwidriges Verhalten erkennt, bereinigt und nicht mehr tut. Sind an einem Problem mehrere Menschen beteiligt, dann kann der eine, der den Geist Gottes um Hilfe bittet, seinen Anteil zur Lösung erkennen. Mit diesem kann er aber auch allen anderen helfen, damit sie ihre Anteile erkennen, wenn sie das wollen.

Es sei hier jedoch ausdrücklich gesagt: Wir empfangen nur dann eine gesetzmäßige Lösung, wenn wir das Problem auch nach den Gesetzen Gottes lösen wollen. Je mehr wir unser tägliches Leben auf Gott ausrichten, desto klarer können wir auch geführt werden. Es gibt jedoch Techniken, die sinngemäß besagen: »Gib am Abend das, was du wünschst – z.B. die Lösung für eine Erfindung –, entweder der Seele mit oder in die Kosmen ein, und sei dir bewußt: Du wirst empfangen.« Erfahren wir dann am Morgen in unseren Gedanken eine Lösung, dann kommt dieser Aha-Effekt meist über die Einspiegelung von Fremdseelen, die Interesse daran haben, solche Erfindungen in die Welt zu transferieren.

Wer sich mit solchen abwegigen und gefährlichen Praktiken beschäftigt, dem wird die Lösung nur leihweise gegeben. Früher oder später muß er diese Informationsgaben wiedergutmachen; er muß die Energien, die für ihn aufgewandt wurden, auf Heller und Pfennig zurückbezahlen, wenn nicht in dieser, dann in einer anderen Inkarnation. Auf diese Weise kann ein Mensch zum Steuerungsobjekt von Seelen werden.

Entscheidend bei allem, was wir tun, ist unsere Motivation. Ist diese selbstlos, so werden uns auch die göttlichen Kräfte das schenken, was wir benötigen. Will der Mensch etwas für sich selbst, für seinen Vorteil, seinen Nutzen, zu seiner Ehre, seinem Wohlergehen, will er also nehmen, statt zu geben, so werden ihm die Kräfte des Seins, die Kräfte der selbstlos gebenden Liebe, nicht dienen. Erhält dieser ichbezogene Mensch wunschgemäß Antwort, Hilfe und Lösung, dann sicherlich nicht aus dem Gesetz Gottes.

Je mehr sich durch ein bewußtes Leben nach den Geboten Gottes und der Bergpredigt das Ober- und Unterbewußtsein des Menschen und die Seele von den Ursächlichkeiten reinigen, desto unmittelbarer ist auch die Verbindung zwischen Seele, Mensch und dem unbelastbaren Wesenskern, Gott. Dann ist es, wie schon angedeutet, möglich, daß die Seele des Nachts in höheren und lichteren Gefilden zu wandeln vermag und dem Menschen am Morgen gesetzmäßige Impulse oder Lösungen für Situationen und Tagesereignisse übermitteln kann – sofern dies für das Wohl vieler ist oder für die persönliche geistige Entfaltung, nicht aber für das Ego-Wohl.

Grundsätzlich gilt für jeden Gott zustrebenden Menschen die Aufgabe, durch die tägliche bewußte Arbeit an sich selbst, durch Bereinigung seines Allzumenschlichen, seines Gegensätzlichen und die sich daraus ergebende Erschließung der Kräfte Inneren Lebens mehr und mehr die Fähigkeit zu erlangen, in den Augenblicken und Situationen seines Erdenlebens das Wesentliche, das Positive, die Gesetzmäßigkeit Gottes, zu erfassen. Dadurch erlangt er den tiefen Einblick und Durchblick; er vermag zu erkennen, was ihm die Situation, die Begebenheit, die Schwierigkeit sagen will. Auch das Gebet und die Bitte um die rechte Erkenntnis helfen ihm, die Schritte zur Lösung, die Antwort also, zu finden, so daß er weiß, was zu tun ist.

Keinesfalls sollten wir auf unsere nächtliche Traumwelt bauen, denn vieles davon kommt aus unserem Unterbewußtsein und ist deshalb nicht ohne weiteres verstehbar. Die Erfahrungen unserer Seele auf ihren nächtlichen Wanderungen teilt sie uns in unserem Oberbewußtsein mit, wenn es für ihren Menschen von Bedeutung ist – doch vielfach in einer Symbolsprache, die wir nicht ohne weiteres deuten können, sondern die leicht mißzuverstehen ist. Hin und wieder wachen wir allerdings mit ei-

76

nem Gedanken oder einem Bild im Bewußtsein auf und wissen sofort, was es uns konkret sagen möchte. Eventuell gibt uns auf diese Weise unsere Seele einen Hinweis, dies oder jenes zu bereinigen.

Eine wenig belastete Seele kann am Morgen beim Erwachen kosmische Eindrücke in den Tag mitbringen

Wir Menschen sprechen von unserem irdischen Dasein als unserem »Leben«. Ist dieses abgelaufen, dann tritt »der Tod« ein. Wir denken also in den Kategorien »irdisches Leben« und – an dessen Ende – »Ende des Lebens« gleich die Endgültigkeit »Tod«. Selten machen wir uns bewußt, daß wir jeden Abend in einen »Schlaftod« gehen.

Wir nennen den Schlaf auch den »kleinen Bruder des Todes«. Warum?

Während des Tiefschlafes werden die Organe und alle Bausteine unseres Körpers nur minimal versorgt. Wir atmen sehr flach, das heißt, unser persönlicher Pendelschlag im Kosmos hat sich verlangsamt, weil unsere Gefühls- und Denkvorgänge nicht unmittelbar ablaufen, sondern nur mittelbar, im Ober- und Unterbewußtsein. Der wahre, ewige Lebensträger, die Seele, verläßt beim Tiefschlaf den Körper, ist jedoch mit einem energetischen Informationsband, der sogenannten Silberschnur, an das Ober- und Unterbewußtsein des Schlafenden angeschlossen. Die Seele, die gemäß ihrem Bewußtseinsstand in den Kosmen unterwegs ist, hält zu ihrem physischen Leib nur mittelbaren Kontakt.

Liegt der Körper im Tiefschlaf, so atmet der Schlafende um vieles flacher, weil die Seele einen Teil der kosmischen Atmung mitgenommen hat. Die Seele atmet also auf ihrer Wanderung in den Kosmen weiter, wobei der Körper von ihr nur kurze Lebens- gleich Atmungsimpulse empfängt. Auf ihrer Wanderung in den Kosmen nimmt die Seele gemäß ihrem Bewußtseinsstand viele Informationen auf. Sie sind oftmals nicht dreidimensional, sondern immateriell und somit mehrdimensional. Je nach Reinheitsgrad der Seele können durch sie bis zu vier- oder fünfdimensionale Energien strömen. Das sind für sie bildhafte Eindrücke, auch Informationen für ihr weiteres Leben im Erdendasein sowie Hinweise für ihr Leben in den Stätten der Reinigung, für jene Lebensspanne also, wenn sie mit ihrem Informationsband nicht mehr an den Körper gebunden ist.

Erwacht der Körper aus dem Tiefschlaf, dann meldet er dies rechtzeitig der wandernden Seele über das Informationsband. Da diese nicht an Raum und Zeit gebunden ist, kehrt sie schneller als in einem Augenblick in die Zeit und in ihren Körper zurück. Sie schlüpft in ihre Hülle, den physischen Leib. Das ist dann die »kleine Inkarnation« der Seele.

Während ihrer nächtlichen Wanderschaft oder in dem Augenblick der Rückkehr in ihr Erdenleben, um wieder Mensch zu sein, gibt unsere Seele einen Teil ihrer kosmischen Erlebnisse an ihren physischen Leib weiter. Ist das Oberbewußtsein des Menschen von Harmonie und Frieden geprägt, von Lauterkeit und Edelmut, und ist das Unterbewußtsein nicht allzu gefüllt von dem Tagesgeschehen, wo Probleme und Sorgen auftreten, besprochen, analysiert und behoben werden müssen, dann können kosmische Eindrücke der Seele, auch Erfahrungen und Erlebnisse aus höheren jenseitigen Bereichen, in das Oberbewußtsein des Menschen gelangen. Diese mehrdimensionalen Bilder der Seele werden durch die dreidimensionalen Denkraster des Menschen geschleust. Sie kommen dann in seinem Oberbewußtsein als scheinbarer Traum, entweder stark verändert oder in Symbolen an.

Sind das Ober- und Unterbewußtsein des Menschen von Allzumenschlichem gezeichnet, ist das Unterbewußtsein gefüllt mit Ichbezogenem, mit Unbereinigtem, mit Sorgen, Schwierigkeiten und Problemen, dann sind seine Träume häufig nur zusammengefügte Elemente von Bildern aus dem Ober- und Unterbewußtsein, die eventuell von der Seele angestoßen wurden, als diese sich ihrem Körper wieder näherte und zurückkehrte.

Durch Wachsamkeit uns selbst gegenüber nützen wir den Tag

Das Licht des Tages gehört der Seele und dem Menschen. Tag und Nacht, beide als Einheit, werden als »ein Tag« bezeichnet. Wir Menschen haben ihn in Zeiteinheiten eingeteilt: Für uns hat er 24 Stunden, die sich aus Sekunden und Minuten zusammensetzen.

Im Wachbewußtsein sind Seele und Mensch aktiv. Nützen wir den Tag, sind wir wahrlich wach, gleich wachsam, dann können wir in den Sekunden, Minuten und Stunden Teile unserer Eingaben im Oberbewußtsein, im Unterbewußtsein und in unserer Seele erfühlen, wenn wir bereit sind, mit dem Gespür unserer Gefühle unsere Gedanken zu lesen. Tun wir dies, dann sind wir wachsam und können manche Schuld durch Bereinigung tilgen. Jeder erlebt dabei seinen Tagesrhythmus. Das Ergebnis seines Tagesrhythmus, das sich aus dem Gesamtvolumen seines Fühlens, Denkens und Sprechens ergibt, ist jeder selbst. Die Inhalte unserer Gefühls- und Denkwelt sind entweder unsere Ursachen, die zu unseren Belastungen werden, das Allzumenschliche, das Sündhafte – oder es ist das Göttliche.

In jedem Augenblick des Tages, den der Mensch im Wachbewußtsein erlebt, hat er die Chance, Aspekte seiner Ursachen in seiner eigenen Gefühls- und Gedankenwelt zu erkennen, zu bereuen und nach der Lehre des Jesus, des Christus, zu bereinigen und nicht mehr zu tun. Dann wandeln, gleich verwandeln sich seine negativen Eingaben im Ober- und Unterbewußtsein und in der Seele in positive Kräfte. Auch in den Speicherplaneten werden sie umgewandelt. Im Hautnetzwerk bleiben sie jedoch als Gravur, als Erinnerungs-Engramme.

Wacht der Mensch nicht über sich, nützt er also die Chance seiner Tage nicht, bleibt er in seinen negativen Denkprogrammen, dann modelliert er in den Speichersystemen der Fallkosmen bildhaft sein Schicksal durch sein negatives Fühlen, Denken, Sprechen und Handeln. Die Folge ist, daß dann seine Ursachen als komprimierte Wirkungen, als Schicksalsschlag oder schwerwiegender Einbruch, auf ihn zukommen. Schließen sich in einer Planetenkonstellation gleiche oder ähnliche Ursachen zu einem Ursachenkomplex zusammen, dann wird dieser auf den Menschen einwirken, wenn die Planetenkonstellation auf die Erde strahlt.

Wir kennen das Wort Jesu »Wachet und betet«. Das besagt unter anderem: Wir sollen über uns selbst wachen und in dem, was während des Tages auf uns zukommt und uns bewegt, die Botschaft und Mahnung erkennen. Wir sollen in uns gehen, sollen in uns selbst – nicht in unserem Nächsten – die Schuld finden, unsere ungute Gesinnung ändern und dann wiederum wachsam sein, daß wir hinfort nicht mehr sündigen.

Menschen im Schuldverbund trifft am Kulminationspunkt energetischer Kausalabstrahlung jeweils ihr Anteil

Ein Zyklus der Kosmischen Uhr ist mit einer Lichtbahn zu vergleichen. Sie ist ein prägender, gleich tragender Impuls, auf dem ähnlich schwingende, jedoch schwächere Impulse laufen. Sie können in verschiedenen Konstellationen der Planeten gespeichert sein, die zur Erde strahlen. In vielen Fällen verbinden sie sich zu einer Einheit, bündeln also die Energien und wirken, wie schon erwähnt, als Gesamtkomplex, als Ursachenverbund, auf den Menschen ein. Sind an diesem Kulminationspunkt energetischer Kausalabstrahlung mehrere Menschen beteiligt, dann ist es möglich, daß sie gleichzeitig erfaßt werden, auch dann, wenn sie an verschiedenen Orten leben, auch zu verschiedenen Tageszeiten, in variablen Stunden, bei Tag

oder bei Nacht. Jeder, der an dieser Gesamtschuld, dem Kulminationspunkt von Negativenergien, beteiligt ist, erhält gemäß seinen Eingaben seinen Anteil.

Was der einzelne aus seinem Schicksal
macht, bestimmt er selbst. Entweder er bereinigt nach der Lehre Jesu, oder er vergrößert
seine Schuld und kann unter Umständen wieder andere Menschen, denen er z.B. seinen
Willen aufzwingt, mit in seinen Schuldverbund
einbeziehen. Die Folge ist, daß sich in den Kosmen wieder ein neuer Schuldkomplex aufbaut.
Bei jedem an einem Schuldverbund Beteiligten
entstand oder entsteht die Gravur der Haut
entsprechend seinem Anteil an der Gesamtschuld.

Es sei hier noch einmal vermerkt: Im Haut-,
gleich im Bildnetz, sind alle primären Abläufe
der beiden Kosmen gespeichert. Die verschiedenen Merkmale – ob sie für den einzelnen
Belastungen oder Erinnerungsengramme sind
oder wenn sich neue Merkmale bilden – bleiben in der Haut verzeichnet und können sich
gegebenenfalls besonders hervorheben. Nur
einzelne dieser Zeichnungen sind in der Hautoberfläche sichtbar.

Der Deutlichkeit halber sei gesagt: Wir ändern an der energetischen Gravur unserer
Haut nichts dadurch, daß wir eventuell chirur-
gische Korrekturen vornehmen lassen. In den
Hautschichten ändern sich also markante Gra-

vuren nicht. Doch wir können uns zum Positiven hin verändern, indem wir das, was wir täglich an Allzumenschlichem erkennen, bereinigen und nicht mehr tun. Dadurch erlangen wir geistige Bewußtseinserweiterung und entwickeln uns hin zu einem von Ethik und Moral geprägten Charakter.

Der Mensch ist ein kosmischer Mensch, weil er gemäß seinen Eingaben – seien sie positiv oder negativ – Anteil am großen Uhrwerk, dem Räderwerk der beiden Kosmen, des Kosmos der Materie und des Kosmos der Reinigungsebenen, hat. Mit seinem positiven, also gottgewollten Leben steht er in Kommunikation mit dem Urwerk des ewigen Seins. Die Registratur seines Allzumenschlichen und Sündhaften vollzieht sich ausschließlich in den beiden Kosmen, dem Kosmos der Reinigungsebenen und dem materiellen Kosmos. Nimmt das Leben eines Menschen durch die schrittweise Erfüllung der Gebote Gottes eine Wende, dann nimmt er immer mehr Kommunikation zu seinem göttlichen Erbe auf, zum ewigen Sein. Im ewigen Sein bedarf es keiner Speicherung. Als reines Wesen, als Lichtwesen, ist dieses in die Ewigkeit, in das ewige Sein, eingebettet.

Die große Wende.
Das Wassermannzeitalter,
das Zeitalter des Geistes, hat begonnen.
Im Laufe der Zeiten wird das Uhrwerk,
die Kosmische Uhr, in das Urwerk,
das ewige Sein, eingehen

Wir haben gelesen: Je mehr sich das Volumen der Ursachen aller Menschen durch die vielen negativen Eingaben in die Kosmen vergrößert, desto rascher läuft die Kosmische Uhr, desto schneller geht das Pendel und desto schneller tritt für den einzelnen, der viele Ursachen gespeichert hat, sein persönlicher Pendelschlag, der Gongschlag ein, der eventuell einen Schicksalsschlag bewirkt.

Der einzelne ist also durch sein Verhalten sowohl für sich selbst, für sein Leben, verantwortlich wie auch für den Gang der Kosmischen Uhr und somit für das Schicksal vieler.

Die Gesetze Gottes lauten: Je mehr Menschen ihre Tagesenergien nützen, ihre unlauteren, also sündhaften Eingaben, bereinigen, desto ruhiger wird das Pendel der Kosmischen Uhr sich bewegen.

Die Bereinigung unserer Sünden geschieht nach der Lehre des Jesus, des Christus Gottes, unseres Erlösers, wie folgt: Bereue deine erkannten Sünden, bitte um Vergebung und vergib auch deinem Nächsten, der sich an dir versündigt hat, der dir Schmerz und Leid zugefügt hat. Erkennst du, daß du noch einiges gut-machen kannst, dann tue dies. Was du erkannt, bereut und bereinigt hast, das tue nicht mehr.

Wer sich an die Lehre des Jesus, des Christus Gottes, hält, der trägt also dazu bei, daß sich die Kosmische Uhr verlangsamt, weil negative Eingaben bereinigt wurden und werden, welche die Kosmische Uhr antreiben.

Wer durch die tägliche Bereinigung seiner erkannten Sünden, die er auch nicht mehr tut, seinen persönlichen Pendelschlag verlangsamt, kann wohl noch Aspekte von seinem Schicksal tragen müssen, wenn dieses auf einem großen Sündenkomplex beruhte, an dem weitere Seelen und Menschen beteiligt sind. Je konsequenter hingegen der Mensch mit der täglichen Bereinigung seiner negativen Eingaben ist sowie mit der Verwirklichung und Erfüllung der Gebote Gottes, desto lichter wird seine Seele und desto durchgeistigter der Mensch. Dadurch werden Seele und Mensch frei von dem Rad der Wiederverkörperung und tauchen ein in den ewigen Urstrom Gottes, in das Gesetz der Liebe.

Die Zeit, in der wir jetzt auf Erden leben, ist eine große Zeitenwende. Das sogenannte Wassermannzeitalter hat begonnen, in welchem immer mehr die Trennung zwischen Gut und Böse, zwischen Rechts und Links von Christus erfolgt. Das bedeutet, daß der Christus Gottes die Menschen in allen Völkern dieser Erde anregt, sich für die rechte oder die linke Seite des Herrn zu entscheiden.

Das Wassermannzeitalter ist das Zeitalter des Geistes, in dem sich immer mehr Menschen dem Geist Gottes zuwenden. Sie geben sich dem Inneren Leben hin, indem sie die Lehre des Jesus, des Christus Gottes, ihres Erlösers, befolgen, die lautet: Erkenne täglich dein Sündhaftes, bereue und bereinige es, und tue diese Sünden nicht mehr. – Diese zentrale Lehre des Jesus, des Christus, führt die willigen Menschen in das Hauptgebot: Liebe Gott von ganzem Herzen, mit all deinen Kräften, mit deiner ganzen Seele, und deinen Nächsten wie dich selbst. – Tritt die Menschheit in diese Wende ein – Jesus hat sie vorausgesagt –, dann wird sich im Laufe der Zeiten die Kosmische Uhr verlangsamen, der Pendelschlag des einzelnen verringern, bis die Wende vollzogen und der Punkt erreicht ist, an welchem das Pendel für die Erde und die Menschen stillsteht, weil der König der Himmel Sein Inneres Reich, das Reich des Friedens, auf der gereinigten Erde errichtet hat.

Auf diese Weise wandelt sich das Dunkle in Licht, und der Fall, der die beiden Kosmen, die Reinigungsebenen und die Materie, hervorbrachte, geht allmählich zu Ende. Was dann noch massive Dichte ist, wird zerbersten und durch vermehrte göttliche Einstrahlung verfeinert werden, wodurch ganz allmählich die

Assimilation an das Göttliche eintritt und dadurch das wieder Reine, Feine, Lichte in das ewige Urwerk einzugehen, gleich heimzukehren vermag.

In den Reinigungsebenen erfolgt weiterhin die Abtragung der Seelen nach rhythmischen, energetischen Läufen, weil dort weder Zeit noch Raum bestehen, also kein zeitlicher Pendelschlag.

Bevor durch Bündelung gleichartiger Eingaben ein schwerwiegendes Schicksal eintritt, wird der Mensch vom Pendel der Kosmischen Uhr berührt. Durch positives Verhalten kann manches rechtzeitig gelöst werden

Solange der Mensch weiter sündigt, bleibt er der Urheber seines Schicksals, an welchem er durch das Sündigen weiterbaut. Bevor den Menschen ein Schicksalsschlag erreicht, berührt ihn sein persönliches Pendel einige Male. Uns werden verschiedene kleine Hindernisse in den Weg gelegt, oder wir erleben einen kurzen Einbruch in unserem Erdendasein, wie z.B. einen Autoauffahrunfall, Schwierigkeiten im Betrieb oder einen kleinen Unfall im eigenen Garten, eine Brandwunde usw. Das alles sind

Warnungen und Mahnungen, bevor der Pendelschlag ein Schicksal auslöst.

So manch kleiner Hinweis kann ein einzelner Impuls aus einem Schicksalskomplex sein. Ihn zu lösen heißt, innerhalb des Komplexes gleichzeitig weiteres aufzulösen. Warnungen sind also vielfältiger Art. Es können kleinere Hinweise durch einen einzelnen Impuls aber auch größere Warnungen sein, die in mehreren Impulsen oder Vorboten auf uns zukommen. Eine Ursache deutet sich also auf mannigfache Art und Weise an. Wann der persönliche Pendelschlag voll zur Wirkung kommt, das steht »in den Sternen«, wie auch der Volksmund es ausdrückt.

Das Räderwerk der Kosmischen Uhr läuft und läuft. Auf dem Weg zum Urheber, dem Auslöser, dem Menschen, ziehen die ersten Schicksalsimpulse durch das Räderwerk und nehmen aus den verschiedenen kosmischen Bereichen artverwandte aktive Eingaben mit zum Urheber, dem Auslöser. Während dieser Zusammenfassung, der Bündelung gleichartiger Eingaben erfährt der Mensch, wie dargelegt, die Warnungen und Mahnungen. Haben sich die gleichartigen Impulse in der Planetenkonstellation, welche zu einer bestimmten Zeit die Erde bestrahlt, zu einem Kulminationspunkt zusammengeschlossen, dann wirken sie als Strahlungsintensität auf die Seele ein und über diese auf den Körper des Urhebers, des Menschen.

Der Ausschlag des Pendels trifft den Menschen zu einem bestimmten Zeitpunkt, denn das Schicksal wird zu genau der Minute wirksam, die der Urheber durch seine Eingaben exakt vorherbestimmt hat. Bei jeder Speicherung ist der Zeitpunkt ausschlaggebend, weil die Planeten in ständiger Bewegung sind und in jeder Sekunde anders zur Erde und zu den Menschen stehen. Was wir z.B. in unseren Vorinkarnationen, vor 10, 100, 200, 300 oder 400 Jahren um die Mittagszeit in einen Planetenverbund eingegeben haben, das kommt exakt dann wieder auf uns zu, wenn diese Konstellation auf die Erde einstrahlt und darin unsere Eingaben aktiv sind. Das kann nach 10, 20, 50, 100, 200, 300 oder 400 Jahren sein. Unser Schicksal steht, so gesehen, also tatsächlich »in den Sternen«.

Ein Beispiel für die Gegenwart: Wir erwachen an einem bestimmten Tag gegen 7.00 Uhr morgens. Zu diesem Zeitpunkt haben Gestirne des materiellen Kosmos und des Kosmos der Reinigungsebenen eine bestimmte Ausrichtung, eine bestimmte Konstellation zur Erde und somit zu uns Menschen. Was uns gegen 7.00 Uhr massiv beschäftigt, haben wir irgendwann in die Planetenkonstellation eingegeben, die uns nun bestrahlt. Aber auch nicht allzu drängende Gedanken, die wir vor einigen Tagen in das Unterbewußtsein eingegeben haben, können von dort Signale senden, die uns mahnen, eine bestimmte Angelegenheit zu bereinigen, bevor sie in die Gestirne eingeht. Bereinigen wir diese unsere Gedankenwelt nicht, dann speichern wir weiter, z.B. Gedanken der Sorgen über einen unserer Nächsten oder über noch nicht erledigte Arbeit oder noch nicht bereinigte Probleme oder anderes mehr. Die Gedanken, die wir gegen 7.00 Uhr dieses Tages denken, haben zu diesem Zeitpunkt eine bestimmte Frequenz und gehen auch zu diesem Zeitpunkt in entsprechende Speicherplaneten ein.

Es besteht auch die Möglichkeit – und diese ist gefährlich –, daß unsere Gedanken, die wir immer und immer wieder denken, nicht bereinigen und nicht loslassen, von Gegensatzkräften bestärkt werden, die an unseren gegensätzlichen Denkmechanismen interessiert sind, damit wir immer mehr Gleiches oder Ähnliches weiter eingeben, um immer tiefer in die Dämmerwelt des Egos zu fallen.

Werden wir also gegen 7.00 Uhr von Gedanken der Sorge gequält, denken wir an Unerledigtes oder an unbereinigte Probleme, dann ist dies ein kosmisches Zeichen, das uns erinnert, diese aktiven Eingaben schnellstens zu beheben, um nicht weiteres Gleiches oder Ähnliches in unserer Seele und in Speicherplaneten einzugeben. Bereinigen wir dieses Sendepotential, diese Gedanken, nicht, dann bauen wir weiter am Gebäude unseres Schicksals.

Wir nehmen einmal an, daß wir in unserem Beispiel den kosmischen Zeigefinger nicht beachtet haben. Wir haben also nicht erkannt und bereinigt, sondern die unguten Gedanken schlichtweg beiseitegeschoben. Gegen 10.00 Uhr morgens ist die Konstellation der Planeten zur Erde und damit zu uns Menschen wieder eine andere als gegen 7.00 Uhr morgens. Unsere Gedanken bezüglich der Sorgen, der unerledigten Arbeit oder der noch nicht bereinigten Probleme, mit denen wir uns schon gegen 7.00 Uhr morgens und eventuell bis 10.00 Uhr immer wieder beschäftigt haben, sind um vieles intensiver geworden. Die Schwingungsenergie dieses Gedankenkomplexes hat sich verdoppelt oder sogar verdreifacht. Sein Gesamtvolumen geht den Weg über das Oberbewußtsein in die Seele und über diese in den entsprechenden Frequenzbereich der Speicherplaneten ein.

Es gibt keinen Zufall. So kann es sein, daß am Nachmittag gegen 15.00 Uhr bestimmte Menschen angeregt werden, die Problematik, die gegen 7.00 Uhr morgens auftrat und gegen 10.00 Uhr vormittags noch bestand, aufzugreifen.

Erneut werden also die Gedanken über diese Angelegenheiten bewegt. Man spricht darüber, um eine Lösung zu finden oder Schuldzuweisungen zu erheben. Da es keine Zufälle gibt, werden sich nur solche Menschen damit beschäftigen, die an der Entstehung oder Verursachung dieser Angelegenheiten mitbeteiligt sind; sie tragen einige Aspekte dieser Eingaben. Alle Vorgänge, die in den Gefühlen, Empfindungen, Gedanken und Worten der Anwesenden zum Ausdruck gebracht werden und die sich daraus ergebende Lösung oder Schuldzuweisung oder auch weitere Probleme werden wieder präzise in den betreffenden Menschen und für sie in jenen Planetenkonstellationen gespeichert, die gegen 15.00 Uhr die Erde bestrahlen.

Wird durch das positive Verhalten einzelner in der Speicherung, die ab 7.00 Uhr morgens aktiv war und den Tag über gedacht oder behandelt wurde, einiges gelöst, also bereinigt, dann bleibt dieses Potential so lange zur endgültigen Löschung in der Atmosphärischen Chronik – einer feinen Schicht der Atmosphäre –, bis die entsprechende Planetenkonstellation, die diese Speicherungen trägt, dieses Potential mit ihrer Strahlung erfaßt, es aufnimmt und aufhebt, gleichsam löscht.

In der Seele der einzelnen Mitbeteiligten erfolgt die Umwandlung sofort, wenn bei diesen vom Oberbewußtsein her sichergestellt ist, daß solche Angelegenheiten und Situationen nicht mehr gedacht und aufgebaut werden. In der Haut, dem Bildnetzwerk, bleiben diese Speicherungen als Erinnerungs-Engramme jedoch erhalten, ebenso in der Seele, sofern es für Seele und Mensch gut ist, für diese Inkarnation oder für die Seelenreiche oder für eine weitere Inkarnation.

Bei Kommunikation mit dem Negativen, dem Allzumenschlichen, nehmen wir mehr, als wir geben – der Kreislauf der göttlichen Kräfte kann sich nicht schließen. »Trenne, binde, herrsche«

Durch Kommunikation sind alle Formen und Kräfte im Diesseits miteinander verbunden und über das Diesseits hinaus mit dem Jenseits, den Reinigungsbereichen. Der ewig unbelastbare Wesenskern, Gott, der im Diesseits und im Jenseits ist, ist verbunden mit dem ewigen Sein, dem Reich Gottes.

Infolgedessen steht Gleiches immer wieder mit Gleichem in Verbindung. Gemäß unserer Gleichheitsverbindung mit dem Reinen oder dem Unreinen empfangen wir Energien – oder wir nehmen sie. Gott können wir keine Energien entziehen. Von Ihm können wir sie nur empfangen, denn Gott gibt, ohne daß Er das, was Er uns gab, zurückverlangt. Er läßt uns die Zeit, selbst zu entscheiden, wann wir mit Ihm in positive Kommunikation treten, auf daß sich der Kreislauf des Gebens und Empfangens schließt und die Gotteskraft vermehrt zum Fließen kommt.

Von unseren Mitmenschen hingegen können wir Energien nehmen, z.B. wenn wir diese zwingen, für uns etwas zu tun, auch dann, wenn sie uns aus dem Motiv ihrer Selbstaufwertung heraus einen Teil ihrer Lebenskraft, gleich Körper- und Seelenenergie, geben. »Nehmen« besagt, daß wir mehr nehmen, als wir geben. Auf diese Weise kann sich der Kreislauf niemals schließen; er bleibt unterbrochen, weil sich nur positive Kräfte, also Gotteskräfte, ergänzen. Das führt zu Uneinigkeit und Streit und vielfach zu Trennung.

Die gebenden Energien sind selbstlose, reine Kräfte; es sind die Gotteskräfte, die verbinden, die den Menschen aufbauen, glücklich und gesund erhalten oder glücklich und gesund machen.

Wer vorwiegend mit dem Negativen kommuniziert, der wird auch seine Negativprogramme verstärken. Wer davon ein entsprechendes Maß besitzt, wird sich damit über den anderen, den Schwächeren, stellen, ihn eventuell beeinflussen, also auf ihn einwirken, um von diesem Negativenergien zu nehmen. Ein solcher Energieentzug ist Energieraub. Ein derartiges Verhalten hat zur Folge, daß derjenige, der geschickt Energieraub betreibt, diesen auf Heller und Pfennig zurückbezahlen muß.

Wir erkennen in diesen Darlegungen, daß die Kommunikation der göttlichen Kräfte, der selbstlos und unpersönlich gebenden Energien, den Kreislauf des Gebens und Empfangens schließt. Es ist das Prinzip des »Verbinde und sei« des reinen Seins.

Wir sehen aber auch, was sich ergibt, wenn dieser Kreislauf unterbrochen wird – dadurch, daß wir unserem Nächsten nicht die Freiheit lassen, durch unsere Erwartung, unser Wollen, ja unsere Ich- und Herrschsucht. Das ist das »Trenne – binde – herrsche«, das satanische und dämonische Grundprinzip, das Menschen entzweit, Menschen bindet, Menschen in die Sackgasse ihres Egos und damit in Schuld, Sünde und Unglück führt.

Gleichgültige, Selbstsüchtige und Gewissenlose sind materiebezogene »Dickhäuter«. Der Sensitive ist der Wahrnehmungsmensch, der tiefer blickt und höher schwingt

Kein Mensch gleicht dem anderen, und das gilt auch für die Nerven- und Hautschwingung. Wer sich über sich selbst hinwegsetzt, indem er sein Verhalten sich selbst gegenüber und gegenüber seinen Mitmenschen kaum beachtet, ja ignoriert, der setzt sich auch über seine persönlichen Eingaben hinweg, die ihn über Planetenkonstellationen jeden Augenblick berühren können. Solche Menschen haben ein gröberes Reaktionsvermögen, weil sie sich über ihr Denken und Verhalten keine Rechenschaft ablegen, sich selbst nicht kritisch betrachten, sich also selbst nicht hinterfragen und somit die Schuld, die ihr Anteil ist, ihren Mitmenschen zuweisen.

Sind die Nerven nicht sensitiv, weil sich der Mensch über alles hinwegsetzt, weil er sein Gewissen ignoriert, bis er es nicht mehr spürt, dann hat er auch eine gröbere Hautstruktur, welche die Kosmen und die Gravur seiner persönlichen Eingaben in den Hautschichten kaum in Erscheinung treten lassen. Ein sensitiver Mensch hingegen, der über sein Fühlen, Denken, Sprechen und Handeln die Selbstkontrolle übt, der seine Nächsten beachtet und sie nicht als Menschen zweiter oder dritter Klasse abqualifiziert, hat vielfach ein sensitives Nervensystem und eine transparente Haut, durch welche Teile der Kosmen hindurchschimmern. Er nimmt darin verschiedenste punktuelle Aspekte wahr, die Belastungen oder bereinigte Erinnerungs-Engramme sein können. Hat z.B. heute einer dieser Aspekte ihm etwas zu sagen, dann wird er über seine Sinneswahrnehmung in Verbindung mit seinen Gefühlen, Empfindungen und Gedanken diese Botschaft vernehmen und entsprechend handeln – z.B. bereinigen.

Das ist dann der sensitive Mensch, der fein-
nervig und feinfühlig ist. Durch seine Arbeit
an sich selbst bringt er seinem Nächsten Verständnis und Wohlwollen entgegen. Er erkennt
täglich Teile seiner Eingaben, seines Sündhaften, und bereinigt dieses unverzüglich. So findet er immer wieder zum Frieden mit sich und
seiner Umwelt – er ist ausgewogen und in
Harmonie. Weil er mehr und mehr frei wird
von sich selbst, seinem drängenden Ego, denkt
er auch immer weniger an sich und ist offen
für seine Mitmenschen. Er ist nicht mehr in Er-
wartungshaltung, nicht mehr auf Anerkennung
und Zuwendung angewiesen. Weil er mehr
und mehr selbstlos gibt, empfängt er die Kraft
Gottes – der Kreislauf des Gebens und Empfangens ist geschlossen.

Aufgrund des Fließens der Gotteskräfte gelangt dieser Mensch in einen höheren Schwin-
gungsbereich. Dort wird er von manchem
Widrigen, das sich eventuell in der Welt und
auch in seiner Umgebung ereignet, nicht mehr
berührt oder nur noch gleichsam gestreift.

Gleichgültige Menschen, die ihre Erregun-
gen herausschreien, die ihre Ursachen anderen
mit Schuldzuweisungen übertragen möchten,
die sich dadurch ein dickes Fell aneignen und
auf diese Weise ihr Nervensystem scheinbar
entlasten, sind mit Dickhäutern vergleichbar,
die sich – ähnlich wie die Selbstsüchtigen – um
das Wohl oder Wehe ihrer Nächsten kaum

kümmern und die sich kein Gewissen daraus machen, ob diese unter ihnen leiden oder nicht. Beide Kategorien gehören zu den Menschen, die wir als die »bequemen Zeitgenossen« bezeichnet haben. Im Hautnetzwerk dieser beiden Menschentypen sind wohl alle Eingaben gespeichert, in der Hautoberschicht zeigt sich jedoch kaum eine Gravur, weil ihr Nervensystem nicht das feine Reaktionsvermögen aufweist wie das eines sensiblen Menschen.

Das Nervennetz in Verbindung mit dem Hautnetzwerk ist das Kommunikationsnetz zu den Kosmen. Ein sensibler Mensch ist, wie gesagt, der Wahrnehmungsmensch, der über sein Nervensystem viel mehr registriert, also wahrnimmt und somit in Erfahrung bringt als der Dickhäutige, der Gleichgültige, der Selbstsüchtige – der bequeme Zeitgenosse. Solche Menschen leben ohne Selbstkontrolle in den Tag hinein; sie stellen sich kaum die Frage, was sie durch ihr Denken und Verhalten jeden Augenblick in ihr Ober- und Unterbewußtsein, in ihre Seele und in die Kosmen eingeben. Sie speichern unablässig, bauen unermüdlich an ihrem Schicksal und wundern sich, wenn dieses sie eines Tages ereilt. Sensible Menschen hingegen sind sensitive, bewußte kosmische Menschen, Typen der inneren Wahrnehmung. Dickhäutige, Gleichgültige und Selbstsüchtige sind materiebezogene Menschen, die nur indirekt empfangen und wahrnehmen, die mehr auf das

Sichtbare bezogen sind, dafür aber um so mehr im Unsichtbaren speichern.

Erinnerungspotentiale – Schlüssel der Hilfe für den Nächsten zur Selbsthilfe. Chance zur Selbsterkenntnis und Bereinigung aufgrund belastender Merkmale der Haut durch die Frage »Warum?«

Bei einem Menschen mit feiner, sensibler Haut zeichnen sich – wie schon dargelegt – in den verschiedenen Hautschichten und Hautpartien Teile des Aufbaus der Sonnensysteme des materiellen und des feinerstofflichen Kosmos ab. Bei solchen Menschen treten Sommersprossen und andere Pigmentierungen der Haut stärker hervor. Jede Pigmentierung hat eine spezifische Kommunikation zu den Kosmen, entweder zum materiellen Kosmos, zum Kosmos der Reinigungsebenen oder zu beiden – oder aber auch zu dem ewigen Urwerk, dem ewigen Sein.

Die Pigmentierungen der Haut spiegeln essentielle Teile von Sonnensystemen, von Kollektivverbänden der Gestirne wider, in welchen Belastungen oder Erinnerungs-Engramme dieses Menschen gespeichert sind. In den feineren Pünktchen der Gesichtspartien, wie z.B. in zarten Sommersprossen, können wir mitunter andeutungsweise feine Nuancen des ewigen Urwerks GOTT, des ewigen Seins, wiederfinden.

Ein Mensch, der durch ein Leben im Gesetz Gottes die Fähigkeit erlangt hat, nicht nur das Äußere, sondern in dem physisch Sichtbaren die Strahlung, das Innere Leben, zu erfassen, nimmt von all dem hier Angedeuteten vieles wahr. Je sensitiver der Mensch wird, desto mehr wird ihm bewußt, daß in allem Äußeren das Bild und das Abbild des großen Ganzen ist.

Im Hautnetzwerk, dem Hautspeicher, sehen wir hin und wieder größere Punkte wie z.B. Muttermale oder braune Flecken. Auch Warzen und Narben sprechen ihre Sprache. Sie sind vielfach Ansammlungen gleicher und ähnlich schwingender Eingaben. Es sind punktuelle Planetenstrahlungen, die sich bei einer feineren Haut an der Oberfläche zeigen. Sie können Erinnerungspotentiale von Überwundenem sein, die im Bildnetzwerk der Haut noch sichtbar sind, aber auch Zeichen mitgebrachter Eingaben aus Vorexistenzen, die noch zur Bereinigung anstehen und noch nicht aktiv sind. Benötigen wir von uns schon bereinigte Aspekte als Erinnerungen in weiteren Inkarnationen, dann bleiben diese so lange als Engramme in der Seele und in den Kosmen gespeichert, wie wir als Mensch leben, oder darüber hinaus für weitere Inkarnationen, wenn wir diese Erinnerungen in kommenden Einverleibungen als Schlüssel der Hilfe zur Selbsthilfe für den Nächsten benötigen.

Belastende Zeichen, gleich Ursachen in unserer Haut, zeigen Chancen auf, diese im derzeitigen Dasein rechtzeitig zu beheben, bevor sie wirksam werden. Wie sprechen diese Merkmale unserer Haut zu uns? Wir erleben ihre Sprache am deutlichsten, wenn sie – z.B. als Unbehagen oder Schmerz – spürbar sind, wenn sie sich neu zeigen oder sich verändern.

Tritt an einer Stelle unserer Haut ein Ausschlag auf, so können wir in unsere Gefühlswelt hineinspüren, was uns wohl »ausschlagen« läßt, auf wen oder was wir so reagieren und warum. Immer heißt aber schlußendlich die Frage an uns selbst: Was liegt in mir vor? – Das kann ich dann ändern, wenn ich es möchte.

Ein weiteres Beispiel: Uns quält ein Ekzem unter unserem linken Fuß. Was sticht uns – oder: Wen »stechen« wir eventuell – auf Schritt und Tritt? Stellen wir uns selbst die Fragen. Schon wie wir die Fragen formulieren, zeigt uns die Richtung, in der die Antwort zu finden ist.

Oder: Wir blicken des Morgens in den Spiegel und entdecken plötzlich, daß zwei abwärts verlaufende Hautfalten die Linie unserer nach unten gezogenen Mundwinkel verlängern und

so den Ausdruck von Verkniffenheit, Pessimis-
mus und Unzufriedenheit verstärken. Fragen
wir uns, warum, so wird uns sicherlich bewußt
werden, welche Inhalte unsere Gedanken und
Gefühle – unter Umständen jahrelang – bestimmt haben, welchen Zielen wir eventuell
vergeblich nachgejagt sind, wo Enttäuschun-
gen nicht verwunden sind, wo wir neidisch,
mißgünstig oder auch fanatisch, hartherzig
und geizig gewesen sind. Dann könnten wir
uns entscheiden, ob wir so bleiben wollen. Das
Zeichen unserer Haut spricht eine deutliche
Sprache. Es mahnt uns bei jedem Blick in den
Spiegel.

Jeder Arzt weiß, daß es oftmals ein Alarm-
zeichen ist, wenn bestimmte Merkmale der
Haut wie Muttermale und Feuermale sich deutlich verändern. Die Wandlungen in den pig-
mentbildenden Zellen können sich gutartig,
aber auch bösartig entwickeln. Dies können
Anzeichen dafür sein, daß eine Ursache aktiv
wird und sich anschickt, zur Wirkung zu werden.

Es gibt auch Hautmerkmale, die schon bei
der Geburt vorhanden sind und sich im Laufe
der Jahre deutlicher ausprägen: z.B. Muttermale, Feuermale, fehlende oder übermäßige
Pigmentierung, bei der Geburt bereits vorhan-
dene Hautausschläge, Hautfalten oder Linien
am Hals, an Gelenken, narbenähnliche Zeichnungen an verschiedenen Körperteilen und

dergleichen. Jahrelang wissen wir eventuell, daß wir das haben, doch es stört uns nicht und sagt uns auch nichts. Eines Tages aber wird – z.B. über unseren Sehsinn, im Spiegel, durch einen Fernsehfilm, über ein Bild oder einen Bericht in der Zeitung – eine Assoziation angestoßen. Unsere Gefühls- und Gedankenwelt gerät in Bewegung. Lassen wir die entsprechenden Bilder in uns aufsteigen, dann kommt auch die Selbsterkenntnis. Wir können heute vergeben und um Vergebung bitten, unsere Seele erleichtern und uns möglicherweise davor bewahren, den persönlichen Pendelschlag der Kosmischen Uhr schmerzhaft zu spüren zu bekommen.

Der Leser könnte nun einwenden, daß ein auffälliges Hautmerkmal, das schon bei Beginn des Erdenlebens erkennbar gewesen ist, doch sicher auf Begebenheiten in einer Vorinkarnation zurückzuführen sei und die Erinnerung des Menschen so weit ja nicht reiche. Das ist richtig. Ist aber ein Negativpotential nicht bereinigt, so wirkt es fort; auch in weiteren Erdenleben. Ist eine Schuld nicht getilgt, so macht sich diese Belastung weiterhin bemerkbar und führt die Schuldverwobenen wieder zusammen, auf daß sie das Vorliegende miteinander lösen. Eine Fehlhaltung, die in Vorinkarnationen oder in den Reinigungsebenen nicht korrigiert wurde, ist mit Sicherheit – latent oder aktiv – noch vorhanden. Was gestern – in vergangenen Erdentagen oder Erdenleben – war, kann sehr schnell zum Heute werden, wenn die Planetenkonstellation dies mit sich bringt.

Jeder Tag, ja genauer gesagt, jede Stunde, jede Minute und jeder Augenblick gibt uns die Chance, Negativeingaben, Sündhaftes also, zu erkennen, es zu lösen und nicht mehr zu tun. Entweder wird dann dieses bereinigte Sündhafte in der Seele und in den beiden Kosmen gelöscht – wobei sie für die Dauer dieser Inkarnation als Erinnerungs-Engramme in der Haut bleiben –, oder sie bleiben auch in der Seele und in den Kosmen. Dann treten diese Erinnerungs-Engramme auch in weiteren Erdenleben – mehr oder weniger sichtbar – als Merkmale im Netzwerk der Haut in Erscheinung. In diesen Erinnerungen liegt eine Kraft, die wir Verwirklichungsenergie nennen können. Das Verwirklichungspotential eines Menschen ist Positivenergie, erwachsen aus der Überwindung von Allzumenschlichem, von Fehlern, Schwächen, die uns nun als Aspekt geistiger Stärke zur Verfügung steht. Die Erinnerungen bleiben uns erhalten, um uns zu dienen, z.B. in massiv aufwallenden Gesprächen, dann, wenn wir ruhig und souverän bleiben.

Lassen wir uns von Problemen, Sorgen, von den Turbulenzen unserer Mitmenschen nicht nach außen ziehen, dann sind wir auch mit unserem Inneren und somit mit unserem erarbeiteten geistigen Potential verbunden. Haben wir Schwierigkeiten wie jene, um die es in dem heftigen Wortwechsel geht, schon erlebt und überwunden, so können wir dann aus dem Erfahrungsschatz der Erinnerungsprogramme schöpfen, um eine gesetzmäßige Hilfe und Lösung des Problems zu finden. Bleiben wir also souverän und bringen wir geistiges Engagement in das Gespräch ein, dann sind wir imstande, mit dem Schatz des von uns Überwundenen unserem Nächsten zu helfen.

Jeder Augenblick des Tages spricht zu uns. Entweder erleben wir Aspekte aus unserer Erinnerungswelt, die uns durchstrahlt und die getragen ist von Göttlichem, oder wir erleben unsere Entsprechungsaspekte, unsere Belastungen – dann, wenn wir z.B. in Gesprächen gleichsam unsere Karten mischen und darauf bedacht sind, daß wir unsere Persönlichkeitstrümpfe ausspielen, oder wir bleiben unserem Nächsten gegenüber gleichgültig, weil wir eben ein Dickhäuter sind, der sich selbst selten analysiert.

Der geistige Kreislauf im Menschen.
Der Mensch im Energieaustausch
mit den beiden Fallkosmen.
Die Erde – eine Erkenntnis-,
Bereinigungs- und Abtragungsstätte

Im folgenden sollen zum Teil Gegebenheiten und Abläufe, die schon im ersten Teil dieses Buches erwähnt wurden, detailliert dargelegt werden, um deutlich werden zu lassen, wie sehr diese oftmals unbewußt ablaufenden Vorgänge uns und unser Leben beeinflussen, ja in unser Leben eingreifen können. Je mehr uns dies bewußt wird, desto besser werden wir uns selbst und damit auch unseren Nächsten kennen und verstehen lernen, und desto besser werden wir dem, was tagtäglich auf uns eindringt, bewußt begegnen können.

Blicken wir zunächst noch einmal auf den Menschen, der durch seine geistige Herkunft Anteil hat am Gesetz Gottes, der sich durch seine Eingaben nun im Wirkungsbereich der Fallkosmen befindet, im Erdenleben, das ihm Möglichkeiten zum Aufstieg wie zum Abstieg bietet.

Jeder Mensch ist Träger der sieben geistigen Bewußtseinszentren, die Verteilerquellen der Gotteskraft sind. Von diesen gehen geistige Kanäle in alle Organe und in alle Zellen des

Körpers, auch in alle Nervenbahnen und Hautschichten. In jedem der vielen Bausteine des
Leibes ist der ewige Geist, Gott.

Die Materie ist nichts anderes als verdichte-
ter, gleich heruntertransformierter Geist, in dem
sich ähnliche Abläufe vollziehen wie im ewigen Sein. Die sieben geistigen Bewußtseinszentren entsprechen den sieben Grundhimmeln im
reingeistigen Universum. In Seele und Mensch
sind sie komprimierte Verteilerquellen der Got-
tes- gleich Lebenskraft. Auch im Netzwerk der
Haut gibt es Verteilerzentren ähnlich den Bewußtseinszentren. Wir nennen sie die Akupunkturpunkte, die mit dem Hautnetz und allen
Bausteinen des Körpers in Kommunikation
stehen. Die strömende Gottesenergie, die über
die Verteilerzentren, über die Bewußtseinszentren, in den Körper, in alle Atome, in alle Nervenbahnen und in die Hautschichten strömt,
bildet den geistigen Kreislauf im Menschen.

Wir Menschen haben, wie schon gesagt,
durch unser sündhaftes Verhalten Vergangenheit, Gegenwart und Zukunft geschaffen. Was
uns bewußt ist und womit wir bewußt agieren
und reagieren, nennen wir unser Oberbewußtsein. Was wir vergessen haben, was also für
uns in der Vergangenheit liegt, nennen wir
vielfach unser Unterbewußtsein. Durch unsere
negativen Aktionen und Reaktionen sind unser
Oberbewußtsein und Unterbewußtsein gleichsam informationsgeladen. Jede Zelle, die zu

einem Zellverband gehört, ist einzeln und als Teil des Zellverbundes Informationsträger. Alle Bausteine unseres Körpers verfügen über ein Ober- und Unterbewußtsein, aber auch über ein Geistbewußtsein, das unantastbar und unbelastbar ist, also nicht mit negativen Informationen belastet werden kann. Könnten wir die Strahlung des Geistbewußtseins, das unantastbar und unbelastbar ist, sichtbar werden lassen, dann würden wir erkennen, daß wir im Innersten unserer Seele ewige Lichtwesen sind.

Auch jeder Akupunkturpunkt hat ein Ober- und Unterbewußtsein und ist gemäß der Informationsladung der Zellverbände aufgeladen. Die Aufladung, also die Speicherung aller Informationsträger erfolgt über das Gehirn, über dessen Zellen, die die gleichen Informationen tragen wie die Bausteine des Körpers, einschließlich der Akupunkturpunkte. Wir speichern durch unser Fühlen, Empfinden, Denken, Sprechen und Handeln, wobei die Inhalte unserer Gefühle, Gedanken, Worte und Handlungen ausschlaggebend sind. Die Inhalte unserer Speicherungen also gehen in die beiden Bewußtseinslagen Oberbewußtsein und Unterbewußtsein ein und somit in die entsprechenden Bausteine und Atome des Körpers und in die Akupunkturpunkte.

Die Negativladung, gleich -speicherung eines Menschen geht auch in seine Seele und über diese in die entsprechende Planetenkonstellation beider Fallkosmen ein, die gerade intensiv die Erde bestrahlt. Die Kosmen stehen mit den Menschen und der Erde im regen, exakten Energieaustausch. Sowohl in den beiden Kosmen als auch in unserer Seele und in den Bausteinen unseres physischen Leibes sind unsere Ursachen, unsere Belastungen, festgehalten, die sich gemäß unserem Verhalten abbauen oder vergrößern. Infolgedessen ist unsere Erde mit ihren Menschen eine Erkenntnis-, Bereinigungs- und Abtragungsstätte der Wirkungen unserer früheren Lebenssituationen, aber auch eine Stätte mit Möglichkeiten, sich erneut zu belasten.

Wir können die gleichen bleiben, doch niemals dieselben.
Signale aus dem seelischen und physischen Bereich signalisieren Versorgungsdefizite.
Das Nervensystem –
das Signal- und Reaktionsnetz

Was wir an uns verändern, das verändert sich auch in den Kosmen. Jeden Augenblick fühlen, denken, sprechen und handeln wir. Die Inhalte dieses unseres Verhaltens sind keinen Augenblick dieselben. Deshalb können wir wohl die gleichen bleiben, aber niemals dieselben.

110

Die Gewichtungsgrade, die Wertgrade, unseres augenblicklichen Fühlens, Empfindens, Denkens, Sprechens und Handelns sind entscheidend. Sie bestimmen unser Ober- und Unterbewußtsein, die Speicherungen in unseren Gehirnzellen, in allen Bausteinen des physischen Leibes einschließlich der Akupunkturpunkte und der Haut.

Im gesamten Wirkungskreis, gleich Regelkreis unserer Speicherungen in den beiden Kosmen, in der Seele, in den Bausteinen unseres physischen Leibes und in der Haut hat das Nervennetz eine entscheidende Aufgabe. Es ist das Signal- gleich Reaktionsnetz für unsere Gefühle, Empfindungen, Gedanken, Worte und Handlungen. Diesen Reaktionsabläufen entsprechend reagieren die Nerven, die diese Energien dann den Akupunkturpunkten übertragen. Gemäß ihrer Schwingungszahl wirken diese dann wiederum auf das Hautnetz ein. Die Schwingungszahl aller Eingaben, aller Belastungen jedes einzelnen Menschen ist auch die Schwingung, die Ausstrahlung seines Körpers, die Aura.

Die persönlichen Eingaben eines Menschen wirken wieder auf sein Persönliches, sein Individuelles, ein. Mit seinem Individuellen, also seinen persönlichen Programmabläufen, die seine Persönlichkeitsstruktur prägen, kann er auf jene Menschen einwirken und sie beeinflussen, die im gleichen sündhaften Konstellationsverbund stehen. Richtet sich die Strahlung eines solchen Planetenverbundes, die wir Konstellationsstrahlung nennen können, auf die Erde, dann wirken die im Planetenverbund aktiven Eingaben auf diejenigen Menschen ein, deren dort gespeicherte Ursachen aktiv sind. Unsichtbar, aber präzise gewogen und gemessen für jeden einzelnen Urheber, strahlen sie in dessen Seele und, von der Seele ausgehend, über die Nerven in die speziell belasteten Organe ein und über die Akupunkturpunkte in das Hautnetzwerk.

Kommt ein Organ durch die Einstrahlung der Planetenkonstellation in Versorgungsnöte, dann sendet es Signale über das Gehirn an ein oder einige Sinnesorgane, welche die Wahrnehmung nach außen in die Umwelt und die Wahrnehmung für den Körper sind. Plötzlich verlangt der Mensch nach einer bestimmten Nahrung. Er bevorzugt eine Speise, die genau jene Spurenelemente, Vitamine oder andere Trägersubstanzen hat, die das in einen Mangelzustand geratene Organ braucht. Oder in die Wunschwelt des Menschen fließen Impulse nach Ruhe oder nach einem Waldspaziergang ein. Der Kreislauf kann Erholungsbedürftigkeit anzeigen, oder das Blut signalisiert das Verlangen nach Sauerstoff. All das und vieles mehr können Impulse aus dem Körper sein.

Alle Bausteine des Körpers, die in ein Versorgungsdefizit gelangen, geben also die verschiedensten Signale an das Oberbewußtsein des

Menschen, an die Gehirnzellen, wo das Für und Wider des Seelischen, Physischen und Kosmischen gespeichert ist. Auch leidende Zellverbände des physischen Leibes geben Signale über Gehirn und Nerven an die Akupunkturpunkte der Haut. Da und dort spürt der Mensch plötzlich einen starken Juckreiz, oder es entstehen Rötungen, Schwellungen oder Unreinheiten in der Haut, ein Ausschlag, eine Warze oder ein aktives, also sich veränderndes Muttermal und dergleichen.

Die aus der Planetenkonstellation einstrahlenden aktiven Eingaben können auch reaktionsauslösende Impulse sein, die in uns Gefühle, Empfindungen und Gedanken erwecken, die uns aufmerksam machen wollen, daß bei uns etwas »nicht stimmt«. Sind wir aufmerksam und wachsam und ignorieren wir diese Hinweise nicht, so können wir erkennen, daß sich für uns eine Wirkung anbahnt, denn bestimmte Abläufe sowohl im seelischen als auch im physischen Bereich sprechen zu uns. Sie sind die Mahner, die Fingerzeige, die uns Belastendes aufzeigen, bevor der Körper von Eingaben befallen wird, die dann zu der entsprechenden Krankheit führen. Reagiert der Mensch auf diese Warnsignale durch Bereinigung der zugrundeliegenden Ursachen, so kann sich diese kosmische Einstrahlung abbauen, wodurch unter Umständen eine Krankheit oder ein Schicksal verhindert werden kann.

Unser Gehirn –
die Sendezentrale unseres Körpers

Jeder Impuls, ob er aus der Seele, den Organen, den Nerven, den Hautschichten oder über die Sinnesorgane kommt, wird zuerst dem Gehirn zugeleitet. Das sind oftmals Impulse für den Menschen zur Wahrnehmung. Sie wollen sich ihm mitteilen, tragen also eine Botschaft, die häufig den Menschen persönlich betrifft. Das Gehirn reagiert auf diesen Impuls. Wiederum über das Nervensystem leitet es ihn gleichsam automatisch den entsprechenden Körperorganen oder Körperfunktionen zu. Die Körperorgane und die Körperfunktionen treten dann entweder mittelbar oder unmittelbar mit den entsprechenden Frequenzen der Seele in Kommunikation.

Wir können also sagen: Jeder Impuls – gleich, woher er kommt – ist von der Aktivität unseres Gehirns begleitet. Es empfängt, sendet, empfängt, sendet, es ist der Kreislauf von Aktion und Reaktion. Wie das Herz kontinuierlich schlägt, Tag und Nacht, bis zum letzten Atemzug, so ist auch das Gehirn ununterbrochen tätig. Unermüdlich fließen Tag und Nacht Gehirnströme. Jede Aktion und Reaktion des Gehirns am Tag steht im Zusammenhang mit Aktion und Reaktion im Nervensystem, in Atomen, Molekülen, Zellen, in Organen, Drüsen, Hormonen, Blutgefäßen, Knochen – in den vielen Bausteinen des physischen Leibes und nicht zuletzt in der Haut. Unser Gehirn ist, alles in allem, die Sendezentrale unseres Körpers.

Jede Aktion und Reaktion des Gehirns und des Körpers führt zu entsprechendem Fühlen, Empfinden, Denken, Sprechen und Handeln. Je nach diesen unseren Eingaben programmieren wir wieder unser Ober- und Unterbewußtsein und auch die dadurch von uns in Aktion gebrachten Zellen, Zellverbände, Drüsen, Organe, Hormone, Blutgefäße, Knochen usw. Diese Energien gehen als Bildaufzeichnungen in unsere Seele und als Bild in die entsprechenden Konstellationen der Gestirne ein.

Jede negative Aktion und Reaktion ist Disharmonie und führt zur Energieabgabe des Körpers. Jede positive Aktion und Reaktion ist Harmonie und Energiezufuhr für Körper und Seele.

Warum ist das so?

Wie schon erwähnt, befinden sich im Inneren jedes Bausteins unseres physischen Leibes drei Bewußtseinsaspekte: das Ober- und Unterbewußtsein und das Geistbewußtsein. Auch die Bausteine der Naturreiche sind Träger des göttlichen Bewußtseins. Alle Gefühle, Empfindungen, Gedanken, Worte und Regungen des Menschen beinhalten im Kern den allgegenwärtigen Geist, das göttliche Bewußtsein. Der allgegenwärtige Geist, Gott, das kosmische

Allprinzip, das unendliche, ewige Urwerk, strahlt immer als Ganzes in allen Bausteinen der Materie und in den Kosmos der Reinigungsebenen und im materiellen Kosmos.

Will der Mensch mit dem Geistbewußtsein, Gott, in seinem Körper und in den Kosmen in Kommunikation treten, dann muß er Schritt für Schritt die Gesetze Gottes erfüllen, die zugleich das kosmische Ur-Werk sind.

Stellen wir auch hier wieder die Frage nach dem Warum.

Das Geistwesen, das von Gott durch nichts getrennt ist, befindet sich ständig im Strom der höchsten, reinsten, der göttlichen Energie. Seelen und Menschen haben sich durch ihr gegensätzliches Verhalten von Gott, der Quelle, abgewandt. Das allgegenwärtige Licht, das Gesetz Gottes, vermag sie nicht voll zu durchströmen. Bauen wir das Allzumenschliche, die Aspekte unseres Ich-, gleich Egogesetzes, ab und lassen in unserem Denken und Leben mehr und mehr das Gesetz Gottes zum Tragen kommen, dann lösen wir uns schwingungsmäßig aus dem Wirkungsbereich der Kosmischen Uhr. Wir gehören dann – bereits als Mensch – mehr und mehr dem göttlichen Urwerk an und tauchen in den ewigen Strom ein, in dem wir unsere ewige Heimat haben. In diese werden wir dann nach unserem Leibestod eingehen.

Ob Nahrung, Salben und Medikamente,
Pflegemittel, Kleidung, die Luft –
von allem, was unsere Haut berührt,
nehmen wir jene Schwingungen auf,
von denen gleichartige oder ähnliche
Potentiale in uns vorhanden sind

Wir hören und lesen immer wieder, daß wir
unsere Seele, unseren Körper, alle Hautschichten des physischen Leibes und die Gestirne mit
unserem Negativen aufladen sowie daß alle
Bausteine des Leibes ein Ober- und ein Unterbewußtsein, aber auch das Geistbewußtsein in
sich tragen. Auch alle Merkmale der Haut, die
wir sehen oder nicht sehen, die Akupunkturpunkte, sämtliche energetischen Bahnen, Kreu-
zungen und Knotenpunkte in der Vernetzung
unserer Haut sind solche Speicherstellen mit
dem Ober-, Unter- und Geistbewußtsein.

Alle Zellen und Zellverbände, alle Bausteine
unseres physischen Leibes reagieren auf Druck,
auf Lichteinwirkung, auf Medikamente, auf
Salben, Bäder, Gerüche, Düfte, auf Massagen,
auf Kälte und Wärme und nicht zuletzt auf die
Art unserer Speisen und Getränke und deren
Zubereitung. Alles, was der Mensch sieht, aber
auch alles, was existiert und nicht im Bereich
seiner Wahrnehmungsfähigkeit liegt, ist Bewußtsein. Jede Schwingungszahl unserer Seele
und unseres Körpers ist Bewußtsein. Gemäß

diesem unserem Frequenzbereich sind wir auch beeinflußbar über alles, womit wir in Berührung kommen, z.B. über Salben und Medikamente.

Wirken in unserem Frequenzvolumen die Bewußtseinsaspekte der Salben und Medikamente, dann stehen wir in Kommunikation mit diesen Bestandteilen. Gemäß dem Prinzip Senden und Empfangen findet ein Austausch statt; wir nehmen Energien auf, das heißt, wir können von den Schwingungen der Salben und Medikamente beeinflußt werden. Ebenso nehmen wir Bewußtseinsnuancen des Herstellers und all derer auf, die bei der Zusammenstellung dieser Produkte mitwirkten, sofern unser Frequenzvolumen diese Aspekte trägt und diese aktiv sind. Die materiellen wie auch die energetischen Bestandteile der Salben werden z.B. über die Haut aufgenommen und von jenen Körperbausteinen angezogen, welche diese Schwingungszahl tragen. Zwischen bestimmten Körperabläufen und Salbenbestandteilen baut sich entweder eine positive oder eine negative Kommunikation auf. Die Impulse, die zu fließen beginnen, werden sofort vom Gehirn registriert; dieses gibt dann die Signale, die wir über unsere Gefühle und Empfindungen empfangen, an den Körper weiter, damit wir beachten sollen, was dieser uns sagen möchte. Was sich dabei in unserer Gefühls- und Gedankenwelt aufbaut, sind die Hinweise aus der Kommunikation zwischen dem Bewußtsein der Bestandteile der Salben und bestimmten Körperfunktionen. Die gleichen Vorgänge vollziehen sich auch zwischen den eingenommenen Medikamenten und dem entsprechenden Schwingungsvolumen bestimmter Organe.

Die Bestandteile aller Pflegemittel für den Körper und das Haar wirken über die Haut auf Bausteine des physischen Leibes ein. Gleichzeitig regen sie im Ober- und Unterbewußtsein Gefühle und Gedanken an, die wiederum auf das Nervensystem und über die Nerven auf den Körper einwirken.

Sowohl Wärme als auch Kälte wirken über die Hautpartien auf den Körper ein. Jeder Sonnenstrahl wird von bestimmten Hautbereichen aufgenommen, die dann entsprechend reagieren.

Alles, was wir auf die Haut auftragen oder auflegen, beinhaltet Schwingungen unterschiedlicher Art. Auch unsere Kleidung enthält Schwingungen bestimmter Frequenzen. Alles, womit die Haut in Berührung kommt, hat seine Schwingungszahl. Auch die Luft, in der wir uns bewegen, trägt unzählige Partikel mit unterschiedlichster Strahlung. All diese Schwingungen wirken dann auf die verschiedenen Hautbereiche und Hautschichten ein, wenn diese schwingungsgleich sind, also für die Schwingungen von außen die Magneten bil-

den. Dabei ist immer das Gehirn, die Sende-
und Empfangsstation, der ausschlaggebende
Faktor.

Behandelt ein Therapeut Akupunkturpunkte eines Patienten, dann sind seine Ausstrahlung und der Druck auf die Akupunkturpunkte entscheidend für die Wirkung. Jeder Druck
hat seine spezifische Frequenz, die über die
Hautpartien dann einzuwirken vermag, wenn
diese der Schwingung des Druckes entsprechen. Das Frequenzvolumen des Therapeuten
besteht aus seinen Gefühlen, seinen Empfindungen, seinem Denken, Sprechen und Handeln. Das persönliche Schwingungsvolumen
seines Körpers strahlt insbesondere über die
Fingerkuppen und über seine Handflächen aus.
Davon kann er über die Akupunkturpunkte
oder über Teile der Hautflächen des Patienten
Aspekte seines Frequenzvolumens übertragen,
wenn diese gleiche oder ähnliche Schwingungs-
lagen aufweisen. Auf diese Weise kann im Patienten Negatives oder Positives angeregt werden. Was der Therapeut anregt, geht über die
Haut in das Oberbewußtsein des Patienten und
setzt entsprechende Signale. Der wache Patient
vermag diese zu registrieren. Er nimmt sie in
seiner Empfindungswelt oder in den Reaktionen seines Körpers wahr.

Das gleiche vollzieht sich bei der Massage.
Streicht der Masseur mit seinen Fingerkuppen
oder mit den Händen über den Körper des Pa-

tienten, so kann der Behandelnde aktive Teile seiner Persönlichkeit dem Patienten übertragen, wenn in diesem gleiche oder ähnliche Anlagen vorliegen.

Im umgekehrten Falle ist es ebenso. Der Patient strahlt ebenfalls die Welt seines Verhaltens aus, auch seine Unpäßlichkeit oder Krankheit. Hat der Therapeut oder Masseur ähnliche Anlagen wie der Patient, dann kann dieser über die Fingerkuppen oder Handflächen Abstrahlungen des Patienten aufnehmen. Durch die Berührung von Körper zu Körper erfolgt immer eine Wechselwirkung.

Die Gelegenheiten zur Übertragung von Schwingungen sind mannigfältig. Bei einem Händedruck z.B. können wechselseitig jene Persönlichkeitsschwingungen auf den Nächsten übergehen, die augenblicklich die Hände ausstrahlen. Das ist, wie dargelegt, ebenfalls nur dann möglich, wenn in beiden Gleiches oder Ähnliches zugrunde liegt, das entweder aktiv ist oder aktiviert werden kann.

Jeder Körperkontakt – das sagt schon das Wort Kontakt – stellt eine Verbindung zum anderen Körper her, aufgrund der ein Austausch von Schwingungen stattfindet, wenn beide gleiche oder ähnliche Anlagen ausstrahlen. So kann der eine auf den anderen Einfluß nehmen. Das alles – und weit mehr – geschieht über die Haut- gleich Körperkontakte.

Die Schwingungen all derer, die ein Produkt berühren, gehen in dieses ein. Sie können den Verbraucher negativ oder positiv beeinflussen

Alle Vorgänge, die zur Herstellung und Zubereitung gehören, bis wir z.B. eine bestimmte Gemüseart oder ein bestimmtes Getränk aufnehmen können, laden diese mit den verschiedensten Schwingungen auf. Es ist bereits entscheidend für die »Ladung« des späteren Nahrungsmittels, wer mit welchen Gefühlen, Empfindungen und Gedanken die Entwicklung eines Samens und das daraus entstehende Pflänzchen begleitet, wer den Samen in den Acker bringt, wer das Pflänzchen pikiert und wer es in das Erdreich eingibt. Auch wer den Acker und die Pflanze pflegt, wer die Frucht erntet, wer sie in die Hand nimmt, wer sie verkauft und wer sie als Nahrung oder Getränk zubereitet, wirkt auf das werdende Produkt ein. Aus der gesamten Prägungskette der am Werdegang des Nahrungsmittels beteiligten Menschen kann derjenige, der das Nahrungsmittel zu sich nimmt, über Geruchs- und Geschmackssinn, über Haut und Körper all die Schwingungen aufnehmen, die in ihm selbst als aktive Anlage liegen. Sie regen in ihm entsprechende Gefühle und Gedanken an, die wiederum auf seine Nerven und auf die Körperfunktionen, auf die Zellverbände oder auch auf seine fünf

Sinne einwirken und diese mit prägen. Unter Umständen veranlassen sie ihn dann, Dinge zu tun, die in ihm nur als aktive Anlagen vorhanden waren.

Es können auch positive Schwingungen übertragen werden. Die positive Gesinnung derer, die an dem Zustandekommen einer Medizin, einer Salbe, eines Nahrungsmittels mitwirken, geht ebenso in diese ein wie die des Verkäufers, des Kellners, des Apothekers usw.

Kleidungsstücke, neu oder gebraucht,
Gebrauchsgegenstände tragen
unzählige Schwingungen,
die ihre Empfänger suchen.
Bevor die übernommenen Fremd-
programme zum Schicksalsschlag
werden, erhalten wir über Seele
und Körper warnende Signale

Machen wir uns bewußt: Gleiches zieht immer wieder Gleiches an.

Tragen wir eine neue oder gebrauchte Uhr oder einen entsprechenden Ring – jede Art von Schmuck trägt eine Kette von Informationen, die über unsere Haut auf gleiche oder ähnlich schwingende Bausteine unseres Körpers einwirken können.

Erwerben wir Schuhe, seien sie aus Kunststoff oder aus Leder – jeder Mensch, der von Beginn der Herstellung dieser Materialien bis hin zur Verarbeitung dieser Stoffe beteiligt war, läßt an dem Werkstück Aspekte seiner Schwingungen. Auch die Häute der Tiere, die zu Leder verarbeitet werden, haben schon vom Tier her Schwingungen an sich. Wie hat das Tier empfunden? Kam es mit guten oder weniger guten Menschen in Berührung? Hatte es Todesängste? Wurde es gejagt, um erlegt zu werden? Und dergleichen. Jede dieser Empfindungen haftet an der Haut des Tieres, die zur Lederherstellung verarbeitet wird. Sowohl an Kunststoff- wie auch an Lederschuhen haften unzählige Schwingungen. Gerade auch an Pelzmänteln und -jacken oder Lederjacken sind vielfach umfangreiche Schwingungskomplexe wirksam.

An allen Materialien, die – z.B. zu Strümpfen, Unterwäsche, Oberbekleidung und dergleichen – verarbeitet werden, befinden sich bereits unzählige Informationen, die sich wieder Übernehmer dieser Informationen suchen; nach dem Prinzip der Anziehung des Gleichartigen ziehen also die Informationen wie ein Magnet artgleiche Empfänger an.

Auch die Zusammensetzung der verschiedenen Materialien spielt für die Ausstrahlung des Produktes eine erhebliche Rolle. Passen Materialien schwingungsmäßig nicht zusammen, dann entstehen im Produkt Dissonanzen von Schwingungen. Diese Dissonanzen wirken zum einen auf die Menschen ein, welche diese Produkte weiterverarbeiten, und zum anderen auf jene, die sie erwerben.

Vergegenwärtigen wir uns erneut: Die Schwingungen – ob sie positiver oder negativer Art sind – werden durch Berührung übertragen. Jeder Mensch strahlt seine Gefühls- und Gedankenwelt, also seinen Charakter, aus. Die Schwingungsnuancen seines Charakterbildes überträgt er den Rohstoffen, die er bearbeitet. Das geschieht z.B. schon durch Anhauchen, über die Fingerkuppen, die Handflächen oder durch anderweitige Berührung mit seinem Körper.

Die aufgenommenen Schwingungen wirken sich früher oder später in und an den Menschen aus, die diese Informationen aus Waren und Produkten übernommen haben. Das Aufgenommene – Fremdinformationen, Fremdprogramme – wird zu einem Teil dessen, der es anzog, denn der Betreffende fühlt, empfindet, denkt, spricht und handelt nun entsprechend dieser Fremdprägung, dieser Fremdbestimmung. So wird alles, was aus dem Aufgenommenen erwächst, Teil seiner Ursachen, seiner Belastung und somit Teil seines Schicksals.

Nicht sofort treten die Ursachen im Empfänger als Wirkungen in Erscheinung, denn auch diese angenommenen Informationen gehen den Weg über die Seele in die Gestirne und von den Gestirnen wieder zum Informationsträger, zu dem Menschen, dem sie übertragen wurden. Strahlt die Planetenkonstellation auf die Erde ein, zu dem Menschen, welcher diese Schwingungen trägt, und sind diese aktiv, dann erfolgt zu der entsprechenden Zeit, die gleichsam ein Kulminationspunkt ist, die Wirkung.

Bevor diese Wirkungskette, dieser Schicksalslauf, sich als Schicksalsschlag auswirkt, erfolgen Wochen, Monate oder Jahre vorher die entsprechenden warnenden und mahnenden Signale, die wir auf verschiedene Art erleben: So macht sich eventuell eine Unpäßlichkeit bemerkbar, wir erleiden einen Sturz über eine Treppe, einen Gesichts- oder Körperausschlag, eine Allergie, Juckreiz, Überempfindlichkeit bei Wärme und Kälte und dergleichen. Auch Kleidungsstücke können in uns ein Unwohlsein auslösen, das uns über die Inhalte unserer Gefühls- und Gedankenwelt auf zugrundeliegende Ursachen aufmerksam machen möchte. Eine disharmonische Faserzusammensetzung oder Farben bzw. Formen unserer Kleidung, die schwingungsmäßig nicht zu unserer Tagesverfassung passen, können ebenfalls Signale geben, die eine Botschaft an uns tragen.

Nichts ist Zufall. Alles hat seine Ursache. Leben wir an der Oberfläche des menschlichen

Daseins, so werden wir als der »bequeme Zeitgenosse« uns selbst und unseren schicksals-
trächtigen Eingaben nicht auf die Spur kommen. Die unliebsamen oder unangenehmen
Gegebenheiten, Begebenheiten und Abläufe in
unserem Erdenlauf, die Signale, all diese Aktionen, die gleich Reaktionen sind, erleben wir
auch in unserer Gefühls- und Gedankenwelt,
aber auch in unserem Nervensystem. Wir fühlen uns in unserer Gefühls- und Gedanken-
ebene mehr oder weniger schwer belastet mit
Wünschen, Aggressionen, Depressionen oder
Melancholie und anderem mehr. Diese Signale
sind oftmals Rufe unseres Körpers, auch Mahnungen aus der Seele. Seele und Körper wollen
uns aufmerksam machen, daß in und an uns
Kräfte am Werke sind, die sich zu einem Kulminationspunkt zusammenballen, um ein Schicksal auszulösen.

Ein jeder von uns ist Teil
eines unermeßlich großen
Kommunikationsnetzes.
»Sage mir, mit wem – oder was –
du umgehst ...«

Wir sollten uns des öfteren bewußt machen:
Unzählige Schwingungen der unterschiedlichsten Frequenzen, also mächtige Informations-

ketten, durchstrahlen die Erde, die Luft, alle Häuser, Räume, Gegenstände und vieles mehr.

Unzählige Möglichkeiten schwingen durch das All und erreichen jene, die schwingungsgleich sind.

Jeder Mensch ist ein persönlicher Strahlungskörper, der wieder auf andere Körper einzuwirken vermag. So können positive Kräfte wiederum positive Kräfte in Gang setzen, so daß in der Welt das Positive, der Friede und die Harmonie, die Gottes- und Nächstenliebe unter den Menschen aufleuchtet. Gesunde, positive Menschen können ihren Mitmenschen Gesundheit und positive Kraft übertragen. Doch die negativen Kräfte wirken in gleichem Maße. Kranke Menschen können ihren Mitmenschen Krankheiten übertragen, wenn diese dafür empfänglich sind. Gehässige, neidische, aggressive Menschen können ihre Anlagen an gleichschwingende Mitmenschen weitergeben.

Ob wir uns dessen bewußt sind oder nicht, ob wir dies wollen oder nicht – wir Menschen sind immer Teil eines unermeßlich großen Kommunikationsnetzes. Keine unserer Lebensäußerungen bleibt ohne Auswirkung. Der Pessimist und Fatalist könnte aufgrund dieser Erkenntnis den Satz prägen: Wer als Mensch lebt, wird schuldig. – Doch gerade das Prinzip »Senden und Empfangen« birgt auch die Chance, Gutes zu bewirken, mitzuhelfen, das Leben vieler zum Guten zu verändern, wenn wir die positiven, göttlichen Kräfte in unserem Leben zum Tragen kommen lassen.

Wir Menschen wirken entweder positiv oder negativ auf unsere Umwelt ein. Allem, was wir anhauchen, was wir in die Hand nehmen oder mit Körperpartien berühren, können wir einen Teil unserer Körperstrahlung als Information übertragen. Kranke können durch die Ausstrahlung ihrer Krankheit z.B. auf den Therapeuten oder den behandelnden Arzt oder die Krankenschwester einwirken. Umgekehrt ist es möglich, daß ein kranker Arzt, ein kranker Therapeut oder eine kranke Schwester einen Teil seiner bzw. ihrer Krankheitsbilder an den Patienten weitergibt, so daß dieser noch kränker wird. Ein Arzt, ein Therapeut oder eine Schwester mit guten Anlagen und positiven Kräften hingegen kann in einem kranken Menschen positive Anlagen fördern, so daß dieser seine Denkwelt verändert und dadurch zur Gesundung beiträgt.

Der Ton oder die Töne eines Instrumentes können in Zuhörern entsprechende Resonanzen auslösen, die zur Gesundung oder zur Krankheit führen können. Dabei ist nicht Ton gleich Ton, nicht Melodie gleich Melodie. Wissenschaftler in unserer Welt haben festgestellt, daß es für die Wirkung ein und desselben Musikstückes entscheidend ist, was der Musiker in sein Spiel hineinlegt. Nur das kann dann dem Klang auch wieder entnommen werden – von denen, die dafür empfänglich sind.

Schrille Töne, Straßen-, Auto- und Flugzeuglärm oder der Lärm in Fabriken, Gröhlen und Schimpfen von Menschen, ekstatisches Geschrei, z.B. bei Open-air-Konzerten, in Fußballstadien und dergleichen können Entsprechendes bei Anwesenden auslösen; es kommt immer auf die Schwingungslage, auf das Magnetspektrum und Magnetvolumen des einzelnen an. Die Magneten sind in diesen Fällen aktive Eingaben, also Belastungen, Entsprechungen, Negativprogramme. Die Auswirkungen solcher Störungen auf das Magnetfeld des Menschen treten zumeist erst in späterer Zeit in Erscheinung, dann, wenn diese aufgenommenen und in die Gestirne eingegebenen Informationen im Träger aktiv werden.

Im Volksmund gibt es das Wort »Sage mir, mit wem – oder was – du umgehst, und ich sage dir, wer du bist.« Die geistige Gesetzmäßigkeit der Anziehung des Gleichartigen bewirkt, daß wir uns von dem angezogen fühlen, was unserer Art, unserer menschlichen Persönlichkeit, unserem Charakter, gleich unseren Informations-Engrammen entspricht. Andererseits kann das, womit wir in Berührung kommen, auch abfärben; es steckt an. Wir können uns mit dem »infizieren«, was wir an uns heranlassen. Denn das, was wir in uns aufnehmen, wird zu einem Teil von uns. Wir sind al-

so tatsächlich gewissermaßen das, womit wir
Umgang pflegen.

Fremdinformationen sind »Aufsitzer«, die uns von unserer Lebensbahn abdrängen und verändernd auf unser Lebensprogramm einwirken können

Uns Menschen ist vielfach nicht bewußt,
daß die Sonnensysteme in den Universen In-
formations- und Kommunikationsquellen sind.
Aufgrund unseres persönlichen Informations-
und Kommunikationssystems in den beiden
Universen sind wir kosmische Menschen, die
durch ihre Eingaben, durch ihre Informationen
und Kommunikationen, an den Universen des
materiellen Kosmos und der Reinigungsebenen und des reinen Seins Anteil haben.

Unser persönliches Informations- und Kommunikationssystem entstand und entsteht, wie
gesagt, über unsere Sinneswahrnehmungen
durch unsere Gefühls- und Empfindungswelt,
durch unsere Gedanken, Worte und Handlungen. Fremdinformationen sind gleichsam
»Aufsitzer«, die wir dadurch auf unsere persönliche Informations- und Kommunikations-
welt aufpfropfen, daß wir sie immer wieder als
Informationsquellen für uns verwenden. Mit
der Zeit gleiten sie in unseren Informations-,

gleich Kommunikationsfluß ein und bestimmen vielfach unmittelbar unser Leben. Sie drängen uns gegebenenfalls in Richtungen, die wir als Seele für unsere bevorstehende Einverleibung nicht vorgegeben haben. Sie lenken uns also unter Umständen von unserer Lebensbahn ab und wirken verändernd auf unser Lebensprogramm ein.

Die Aufnahme von Fremdinformationen

Fremdinformationen finden, wie wir schon hörten, auf verschiedenen Wegen Einlaß in unser Ober- und Unterbewußtsein und in unsere Seele. Werfen wir noch einmal einen Blick auf die Vielfalt der Möglichkeiten:

Wir nehmen z.B. Fremdprogramme auf, wenn wir uns von anderen bestimmen lassen, wenn wir deren Meinungen zu unseren Meinungen machen. Fremdprogramme nehmen wir über Radio und Fernsehen auf, aber auch über die unzähligen Informationen, die in der Atmosphäre schwingen und ihre Empfänger suchen. Fremdinformationen gelangen ebenfalls über unsere Haut in unseren Körper, z.B. durch Einreibungen von Salben und Cremes, durch Puder und Auflagen auf die Haut. Träger von Informationen sind u.a. Türklinken, der Handlauf von Geländern, Schlüssel, Bleistifte, Kugelschreiber, Federhalter, Schreibmaschinen, Computer, alle Tastaturen, an denen sich Menschen betätigt haben. Auch Besteck oder Geschirr, besonders wenn es mangelhaft gereinigt ist, kann Informationsträger sein. Mineralien und Pflanzen, die von Menschen berührt und bearbeitet wurden, sind Träger von Informationen dieser Menschen. Tiere sind ebenfalls Informationsträger. So, wie sie behandelt wurden und werden, nehmen sie von den Menschen Informationen in ihre Gene auf und strahlen diese über ihr Verhalten und ihr Haarkleid aus.

Auch an Produkten und Waren haften unzählige Informationen. Erinnern wir uns: Die Aufnahme von Informationen in der Nahrungskette beginnt bereits bei der Züchtung des Samens und setzt sich über die Tätigkeiten des Landwirts fort. Mit welcher Gesinnung züchtet der Züchter die Samen? Mit welcher Gesinnung behandelt der Landwirt seine Äkker? Welche Informationen geben beide auf dem Weg über Gefühle, Gedanken, über Berührung, über Kunstdünger, Spritzmittel und dergleichen in die Samen, Keimlinge und Pflanzen ein? Mit welcher Gesinnung werden sie geerntet? Wie ist überdies das Bewußtsein, die Denkqualität derer, die dann die Naturprodukte verarbeiten?

Ein Arzt berichtete hierzu: Gleiches gilt auch für Medikamente. Über die Wirkung eines Medikaments im Körper entscheidet u.a. die Gesinnung des Herstellers, der Zeitpunkt und die Umstände der Herstellung, wie sie vermarktet werden, die Haltung des Arztes, der das Medikament verordnet, bis hin zu den Gefühlen und Gedanken, mit denen der Patient die Arznei einnimmt bzw. anwendet. Von all diesen Faktoren ist es abhängig, ob die Information gleich Wirksamkeit im Körper lebensfördernd ist oder nicht.

Unzählige Informationen gehen an die Verbraucher, die diese – zumeist unbewußt – u.a. über die Geruchs- und Geschmacksnerven aufnehmen. Viele dieser Informationen gehen in die Zellen und in die Zellkerne, in Organe, in das Blut, in Hormone und Lymphe ein und werden dann unter Umständen in die Seele eingeschleust. Denn: Lassen wir uns davon bestimmen, weil wir gleiches und ähnliches Gedankengut pflegen, dann sind wir an diese allzumenschliche Informationskette angeschlossen und gebunden. Dann tragen auch unsere Gene diese Fremdprogramme. Diese sind also nicht nur schicksalsträchtig und schicksalsbestimmend für uns selbst geworden, sondern wir geben diese Negativinformationen auch an unsere Nachkommen weiter.

Alle Informationen, die wir Menschen aufnehmen, also uns zu eigen machen, prägen unsere Zellsysteme, unsere Hautpartien, unseren Körper als solchen und unsere Seele. Nehmen wir Fremdprogramme auf, dann regen diese gemäß ihren Inhalten, ihren spezifischen Informationen, den Menschen zu entsprechendem Fühlen, Denken und Verhalten an.

Jede Hautpartie strahlt gemäß ihrer Programmierung, ihrem Bewußtsein. Wir gelangen in Kommunikation mit Fremdinformationen und nehmen sie auf, wenn Schwingungsgleiches in uns vorliegt

Die Hautschichten haben viele Partien, die parzellenartig abstrahlen und schwingungsmäßig einer Landkarte gleichen. Jede Hautpartie ist ein Bewußtseinsfeld, ein Informationsmagnet, der auch eine Abstrahlungsquelle ist. Jede Hautpartie strahlt entsprechend ihrer Programmierung, ihrem Bewußtsein.

An unseren Fingern, Händen, Armen, Ellbogen, an den Füßen, Beinen, Knien, an allen Körperteilen, die vornehmlich mit der Außenwelt, mit Menschen und Gegenständen in Berührung kommen, haften unzählige Fremdinformationen. Fahren wir z.B. mit unseren fremdprogrammierten Fingern und Händen über einzelne unserer Hautpartien, dann über-

tragen wir einen Teil der von uns aufgenommenen Fremdinformationen jenen Hautpartien, die in ihrer Schwingungszahl diesen In-
formationsinhalten gleichen.

Kreuzen wir unsere Füße, unsere Beine oder
unsere Arme, dann kann ein Körperteil die Informationen, die er trägt, auf die Hautpartien
anderer Körperteile übertragen, aber auch auf
punktuelle Ansammlungen wie Hautpigmen-
tierungen, Narben, Ekzeme, Muttermale, Warzen und dergleichen. In ähnlichen Fällen kann
sich Gleiches vollziehen. In der Medizin wird
dieser Vorgang oft »Ansteckung« genannt. Immer dann, wenn Gleiches auf Gleiches trifft,
also Schwingungsgleiches miteinander in Berührung kommt, werden Informationen aufgenommen und Kommunikationen hergestellt.
Nehmen Hautpartien Fremdinformationen auf,
dann gehen diese über die Gehirnzellen und
das Nervensystem an die entsprechend schwingenden Zellkerne und Organe, aber auch in
ähnlich programmierte Seelenteile ein. Über
die programmierte Seele nehmen diese Infor-
mationsinhalte dann Kontakt mit ähnlichen Informationen in den Kosmen auf und auch mit
dem riesigen Informationsspeicher der Atmosphäre.

Ein krasser Fall der Aufnahme von Fremd-
informationen soll hier mit dem Stichwort
»Genmanipulation« nur angedeutet werden.
Wir alle kommen mit genmanipulierten, also

136

in ihrem Informationsgehalt willentlich veränderten Substanzen in Berührung und nehmen
diese auf. Doch auch hier gilt, daß nur Artglei-
ches, Schwingungsgleiches in uns wirksam
werden kann.

Informationen und Kommunikationen sind
weder an Zeit noch an Raum gebunden. Rascher, als ein Augenaufschlag währt, können
wir artverwandte Informationen über die Welt
unserer Sinne, über unsere Gefühls- und Gedankenwelt aufnehmen. Aber auch durch die
unterschiedlichen Aktionen und Reaktionen
unseres Körpers können wir Gleich- oder Ähn-
lichschwingendes anziehen. Jede Information,
seien es persönliche Eingaben oder Fremdinformationen, die wir in Gefühlen, Empfindungen, Gedanken, Worten oder Handlungen bewegen und somit weiter auf- und ausbauen,
verstärken wir.

Der einzige Schutz vor Informationseinflüssen: Bereinigung unseres Fehlverhaltens und Löschung des Negativ-Engramms durch die erlösende Christus-Gottes-Kraft

Mancher Leser wird fragen: Kann ich mich vor dieser Unzahl von Informationseinflüssen schützen?

Der einzige Weg ist die Entfaltung der reinen kosmischen Kräfte, der erlösenden Christus-Gottes-Kraft. Wir entfalten diese schützenden und helfenden Kräfte, indem wir die Tagesenergie nützen, uns immer wieder die Inhalte dessen, was uns bewegt, bewußt machen und uns prüfen, ob unsere Gefühle, Empfindungen, Gedanken, Worte und Handlungen den Geboten Gottes entsprechen. Ist das nicht der Fall, so sollten wir schleunigst Den anrufen, der um alle Dinge weiß: den Geist der Wahrheit und Liebe, den Christus-Gottes-Geist in uns, und Ihn im Gebet bitten, daß Er uns beistehen möge, unser Fehlverhalten, das, was mit den Gesetzen Gottes nicht in Übereinstimmung ist, in der Tiefe zu erkennen, zu bereuen, zu bereinigen und nicht mehr zu tun.

Vollziehen wir diese tägliche Bereinigung unseres Fehlverhaltens, so gelangen Seele und Leib allmählich in eine höhere Vibration, da durch die Bereinigung mit der Christus-Gottes-Kraft die Negativenergien in uns in positive, d.h. gesetzmäßige, reine Gottesenergien umgewandelt werden, die dann immer mehr in uns zu wirken beginnen. Die Folge ist, daß unsere Seelen- und Körperschwingung im Lauf der Zeit über den Schwingungsfeldern der auf uns Einfluß nehmenden Informationen liegt. Diese können uns somit nicht mehr berühren. Das ist der einzige Weg heraus aus dem Labyrinth der unzähliger. Einflußnahmen der unterschiedlichsten Informationen und zugleich der Schutz gegen solche Eindringlinge.

Auf dem Inneren Weg geben Schwankungen Gelegenheit zu tieferer Selbsterkenntnis. Mangel an Entschiedenheit und Konsequenz setzen uns der Beeinflussung durch Fremdinformationen aus

Das Leben des Menschen ist vielfach ein Auf und Ab bezüglich seiner Stimmungslage, seiner Gefühls- und Gedankenwelt. Wer beginnt, sein Leben in die Hand zu nehmen, indem er das beobachtet, was im Tageslauf in ihm vorgeht, daraus Selbsterkenntnis gewinnt und entsprechend bereinigt, der wird zumeist eine geraume Zeit lang an sich zu arbeiten haben, bevor in sein inneres – und auch in sein äußeres – Leben eine gewisse Stetigkeit und Stabilität einzieht. Doch beschreiten wir – durch Selbsterkenntnis und Bereinigung – zielstrebig den Inneren Weg, so haben wir bewußt Christus an unserer Seite, der uns Kraft, Hilfe und auch Schutz ist.

Stimmungsschwankungen können auch körperlich bedingt sein. Ein Beispiel:

Die Hormone, und ganz besonders die Geschlechtshormone, bilden die Waage unserer Gefühle. Durch einen von der Natur vorgegebenen Rhythmus fällt bei dem Mann und insbesondere bei der Frau immer wieder der Hormonspiegel. Ein ausgewogener Hormonzyklus hält die Hormon- gleich Gefühlswaage im Menschen einigermaßen im Gleichgewicht. Sinkt jedoch der Hormonspiegel tief ab, dann fällt die gesamte Körperschwingung; wir gleiten in tieferliegende Gefühls- und Gedankenschichten, die dann aktiv werden und sich im Oberbewußtsein als entsprechende Regungen, Neigungen und Gedanken bemerkbar machen. Ein Arzt erklärte hierzu: Das sogenannte klimakterische Syndrom, u.a. die Depression oder Reizbarkeit in diesem Lebensabschnitt, ist ein gutes Beispiel dafür.

Wir sollten jedoch diese Schwankungen nicht negativ bewerten, sondern im Rahmen der Selbsterkenntnis nützen, um zu erforschen, was bei uns in tieferen Schichten der Gefühlswelt noch gespeichert ist.

Jede Veränderung des Körperrhythmus zeigt uns andere Gefühle, Empfindungen und Gedanken auf und läßt uns auch entsprechend handeln. Gerade dann, wenn die Körperschwingung tief abfällt, stößt ein Gefühl das andere oder ein Gedanke den anderen an, so daß uns sodann unter Umständen ganze Gefühls- und Gedankenkomplexe, ganze Informationsketten bewegen, die uns flach atmen lassen. In diesem Zusammenhang können sich auch Hautpartien verändern.

Leben wir unbewußt, achten wir nicht auf die Veränderungen in unserem Körperrhythmus, in unserer Atmung und in unserer Gefühls- und Gedankenwelt, die uns sagen wollen, was zu ändern wäre, dann sind wir den Wirkungen unseres Fehlverhaltens ausgesetzt. Solange wir nicht Christus, dem Gesetz Gottes, zustreben, solange wir einmal ja, dann wieder nein sagen, einmal unser Leben anzupacken gewillt sind, dann wieder dem Ego die Zügel schießen lassen, sind wir in Gefahr, daß Wirkungen auf uns zukommen durch die Negativ-Engramme, die wir selbst geschaffen haben und die in uns aktiv sind. Die Willensschwankungen und ihre Folgen nehmen erst dann ein Ende, wenn der Mensch sich entschieden hat und dementsprechend konsequent lebt.

Solange wir nicht in Christus, der reinen kosmischen Quelle, gefestigt sind, setzen wir uns auch mit unseren Negativ-Engrammen unvorstellbar vielen Strahlungsfeldern aus, Ansammlungen von Negativenergie, die sich überall in und auf der Erde sowie in der Atmosphäre befinden. Diese haben die Tendenz, sich einen Empfänger zu suchen. Durch unser Nichtgefestigtsein können wir täglich diesen Strahlungsfeldern unterliegen.

Über die Haut, über den Atem und auch von den Gestirnen über die Seele empfangen wir die Informationen, die wir zuvor ausgesandt haben, denn Gleiches zieht immer wieder Gleiches an. Sind wir ein »bequemer Zeitgenosse«, leben wir unbewußt, das heißt, kontrollieren wir unser Verhalten nicht, dann nehmen wir unter Umständen jeden Tag Fremdinformationen auf, die dann zu »Aufsitzern« auf unseren aktiven negativen Engrammen werden.

Durch unsere Willens-, gleich Bewußtseinsschwankungen, durch unseren Mangel an Entschiedenheit und Konsequenz, durch das Auf und Ab im täglichen Leben, setzen wir uns also Fremdinformationen aus, die dann zu integrierten Fremdprogrammen werden, über die wir beeinflußt und schließlich sogar gesteuert werden können. Über diese und ähnliche Vorgänge gibt aus einem anderen Gesichtswinkel auch das Buch »Ich. Ich. Ich. Die Spinne im Netz. Das Entsprechungsgesetz und das Gesetz der Projektion« detailliert Aufschluß.

*Austausch von Informationen zwischen
dem Mann, der Frau und ihrem Kind.
Die Frau nimmt wesentlich mehr
Informationen auf als der Mann*

Der Austausch von Informationen spielt im
menschlichen Leben eine weit größere Rolle,
als gemeinhin bekannt. So werden partner-
schaftliche Bande wie auch Familienbande gro-
ßenteils durch das Wechselspiel der Informationen und Programme geknüpft, im Positiven
wie im Negativen.

Es gibt keine Zufälle im Leben. Finden zwei
Menschen, Mann und Frau, zusammen, so wirken immer gleiche oder ähnliche Informations-
lagen nach dem Gesetz »Gleiches zieht zu Gleichem«. Wird daraus eine Ehe oder eine part-
nerschaftliche Freundschaft und gehen daraus
Kinder hervor, so ist dies ebenfalls kein Zufall.
Sowohl die Partner untereinander als auch die
Eltern mit dem Kind sind verbunden durch ihr
Informationspotential. Übereinstimmungen im
Negativen, also Bindungen, haben die Beteiligten zusammengeführt, damit sie sich im Miteinander erkennen, gemeinsame Belastungen,
gemeinsame Schuld bereinigen und somit auf-
heben. Es sind unter Umständen auch Übereinstimmungen im Positiven vorhanden – Mitge-
brachtes und schon Überwundenes, das sie be-
fähigt, eine gemeinsame, positive, gottgewollte

Aufgabe zu bewältigen. Aus dem umgewandelten Negativen erwachsen die Kräfte Inneren Lebens, die gelebten Prinzipien der Gleichheit, Freiheit, Einheit und Brüderlichkeit.

Wie stark und vielfältig die Informationspotentiale der Menschen, die in engem körperlichen Kontakt stehen, aufeinander einwirken, wird deutlich, wenn wir den natürlichen Ablauf einer Zeugung und die Vorgänge bei der Inkarnation einer Seele genauer betrachten. Bei der Befruchtung einer Eizelle der Frau dringen aus dem Sperma des Mannes unzählige Informationen in die Eizelle und über diese in den Körper der werdenden Mutter ein. Dabei reagiert jede Frau anders, gemäß ihrem Körperinformationssystem. Im Laufe der Entwicklung der Eizelle treten dann auf den verschiedensten Hautpartien der Mutter entsprechende Merkmale auf.

Im Augenblick der Befruchtung der Eizelle der Frau nimmt die inkarnationsbereite Seele mit der in Aktion gebrachten Eizelle Kontakt auf. Die Seele gibt ihre Prägungen allmählich in den werdenden physischen Leib ein, die den Informationsketten von Vater und Mutter entsprechen, denn Gleiches zieht immer wieder zu Gleichem. Weil die werdenden Eltern gleiche und ähnliche Anlagen wie die inkarnationswillige Seele haben, reagiert das Informationsnetz, die kosmische Landkarte der Haut der

Mutter, die dann in ihr Hautnetzwerk auch einen Teil des Informationspotentials der ankommenden Seele aufnimmt. Die Mutter empfängt also über den Embryo von der ankommenden Seele jene Informationen, die ihren persönlichen Engrammen entsprechen. Aufgrund dieser Aufnahme von Hautengrammen während der Entwicklung des Embryos ist die Mutter dem Kind um vieles näher als der Vater, doch durch die Befruchtung der Eizelle im Leib der Mutter sind auch die Anlagen – positive und negative Engramme – des Vaters in dem werdenden Kind. Die Eingaben beider Elternteile im Embryo werden von der inkarnationswilligen Seele bestrahlt und so schwingungsmäßig ganz in das spezifische persönliche Strahlungsbild des Kindes aufgenommen.

Hören oder lesen wir »Die Frau, das Weibliche, ist das empfangende Prinzip«, so beziehen wir dies meistens auf die reinen Geistwesen im ewigen Sein. Doch diese Aussage trifft auch für die Frau im Erdenkleid zu – ganz besonders hinsichtlich der Vorgänge bei der Empfängnis und dem, was daraus erwächst, der Schwangerschaft. Deshalb bedeutet eine Schwangerschaft im Leben der Frau immer eine mehr oder weniger einschneidende Veränderung, oftmals auch eine Umstimmung, die nicht nur dem veränderten Hormonspiegel zugeschrieben werden kann. Wenigen ist sicher bewußt, daß die Frau bei jedem Geschlechtsverkehr in ihrer Persönlichkeit, in ihrer spezifischen Programmwelt, letztlich in ihrem Charakter, durch Informationsübertragung, gleich Programmtransfer, eine Prägung von seiten des Mannes erfährt.

Durch den Geschlechtsakt und insbesondere dann, wenn ein Kind gezeugt wird, nimmt die Frau vom Mann wesentlich mehr Informationen, also Schwingungseinheiten, auf als umgekehrt. Wenn dann während der Schwangerschaft die ankommende Seele auf die Erbanlagen des Embryos einwirkt, die sowohl vom Vater als auch von der Mutter sind, läßt die Einstrahlung der Seele in ihren werdenden menschlichen Körper auch die Gene der Mutter nicht unberührt. Diese nimmt dadurch viel mehr positive oder negative Engramme des Kindes auf als der Vater. Das hat zur Folge, daß die Frau zum einen einen viel engeren Kontakt zum Kind aufbaut, zum anderen auch einen sehr engen Kontakt zum Vater des Kindes hat, weil sie durch die Körperlichkeit vom Mann immer wieder Informationsträger empfängt, die teilweise Verbindung, teilweise aber auch Bindung bewirken.

Das macht sich besonders bei einer Trennung oder Scheidung bemerkbar. Dann reagiert die Frau vielfach emotionaler als der Mann. So manche Frau leidet bewußt oder unbewußt unter dieser Trennung oder Scheidung, da sie weitaus mehr positive oder negative Engram-

146

me des Mannes aufgenommen hat als umgekehrt, was sich besonders auf der Gefühls-
ebene zeigt. Diese Prägung geht auch in die
Gene ein. Dadurch kommt so manche Frau
über diesen Einschnitt in ihrem Leben nur
schwer hinweg. Der Mann, der Vater, hingegen tut sich um vieles leichter, denn er hat
zum einen über das Kind und zum anderen
durch die Körperlichkeit ungleich weniger positive oder negative Engramme der Frau aufgenommen, also zu ihr diesbezüglich weniger
Verbindung oder Bindung aufgebaut.

Durch die Sexualität verändert sich der persönliche Pendelschlag der Kosmischen Uhr
sowohl beim Mann als auch bei der Frau. Entsteht eine Familie, das heißt, gehen aus der
Beziehung Kinder hervor, dann verändert sich
wiederum der Pendelschlag der Kosmischen
Uhr für den Vater und für die Mutter, weil die
Kinder ihren Lebensrhythmus, gleich ihren
persönlichen Pendelschlag, mit in das Famili-
enleben einbringen.

Die Glieder einer Familie besitzen – durch
das Prinzip Gleiches zieht Gleiches an – viele
gleiche oder ähnliche Engramme, das heißt Erb-
anteile. Die Familienangehörigen wirken entsprechend auf die Kosmische Uhr ein und bestimmen den Familienpendelschlag, der vielfach ein Familienkarma ist, das, wenn es nicht
rechtzeitig gelöst wird, zu einem Schicksalsschlag führen kann, der die ganze Familie trifft.

Aus positiven Engrammen entsteht eine gesunde, kraftvolle und friedvolle Familie, die auch mit der Zeit für ihren Nächsten da ist, sich also für die positiven, gleich selbstlosen Kräfte öffnet und für Menschen mit gleichen oder ähnlichen Anlagen. Werden in der Familie negative Engramme aktiv, dann ist es also durch die Vernetzung der Programme innerhalb der Familie vielfach nicht das Schicksal des einzelnen, sondern ein Familienschicksal. Dieses könnte verhindert werden, wenn die Lebenspartner und die Kinder ihr Zusammenleben als Chance erkennen, wenn jeder der Beteiligten nicht dem Nächsten Schuld zuweist, sondern sich selbst ändert. Dann verlieren die negativen Engramme an Wirksamkeit, und die Basis für ein gedeihliches Miteinander im großen Ganzen wird geschaffen und ausgebaut.

Durch Geschlechtsverkehr folgenschwere Einflüsse auf die kosmische Landkarte und den Charakter besonders der Frau

Da so manchem nicht bewußt ist, welch folgenreiche Abläufe besonders bei geschlechtlichem Körperkontakt mit wechselnden Partnern einhergehen, soll dies hier angesprochen werden.

148

Unsere Zeit ist geprägt von der ausschwei-
fenden Sexualität. Auf vielfache Art und Weise
werden die Lustgefühle und über diese die
Triebhaftigkeit angeregt. Ob Lustgefühle oder
Triebhaftigkeit, es sind freigesetzte Informationen, die wieder gleiche und ähnliche Informationsquellen suchen.

In vielen Kreisen ist es üblich, daß die Treue
nichts mehr gilt, ja gelegentlich sogar verpönt
ist. Jeder nimmt sich immer wieder die Frau,
die ihm gerade gefällt, und die Frau nimmt
sich den Mann, der ihr gerade gefällt oder den
sie haben kann. Nach einer kurzen äußeren
Begegnung kommt es zum Körperkontakt.
Beim Geschlechtsverkehr erfolgt immer ein
Austausch von Informationen, die zum einen
in den Körper der Frau und zum anderen in
den Körper des Mannes einfließen. Es sind
»Fremdaufsitzer« in dem oben beschriebenen
Sinn, die gleiche oder ähnliche Informationen
sowohl in der Frau als auch im Mann beeinflussen, denn jede aktive Information sucht ihren Empfänger.

Beim Geschlechtsakt nimmt die Frau, wie
dargelegt, weitaus mehr Informationen des
Mannes auf als umgekehrt. Eine Informations-
flut strömt in den Körper der Frau, wenn der
Mann seine Spermien in den weiblichen Körper eingibt. Sie suchen in der Frau gleiche und
ähnliche Empfänger, also wieder gleiche und
ähnliche Informationsquellen. Sie setzen sich

in der Frau auf gleiche oder ähnliche Informationsträger auf, überstülpen diese gleichsam, beeinflussen diese und können so die Frau entsprechend stimulieren und – je nach Informationen und Anlagen – zu Negativem, aber auch zu Positivem anregen.

Diese Fremdinformationen, die in der Frau wirksam sind, nehmen sodann auf ihre kosmische Landkarte, auf bestimmte Hautpartien, Einfluß, aber auch auf ihre Wesenszüge und ihren Charakter. Zusammen mit den persönlichen Eingaben der Frau bestimmen nunmehr die Aufsitzer den persönlichen Pendelschlag der Kosmischen Uhr. Ähnlich ist es beim Mann, jedoch nicht in dem Umfang wie bei der Frau. Deshalb ist bei einer Trennung, wie dargelegt, vielfach die Frau in besonderer Weise die Leidtragende. Nicht jede Frau verschmerzt ohne weiteres den Abbruch einer Beziehung. Es kommt hier auch wieder darauf an, wie viele und welche Informationen die Frau vom Mann aufgenommen und was sie daraus gemacht hat, wie sie also mit den Programmen, die in ihrer Gefühls- und Gedankenwelt auftraten, umgegangen ist.

Gehen wir weiter von der Warte der Frau aus. Fragen wir: Hat die Frau die Programme des Mannes bereitwillig zu den ihren gemacht und sich so noch stärker an ihn gebunden? Hat sie eventuell sogar ihre eigene Informations- und Programmwelt von den Fremdprogrammen überwuchern lassen? Dann kann Abhängigkeit bis zur Hörigkeit die Folge sein. Dann lebt der Mann über die transferierten Informationen gleichsam energiemäßig durch die Frau. – Solche Abhängigkeiten sind natürlich auch in der umgekehrten Richtung möglich, wenn z.B. die Frau durch direkte oder subtil verbrämte Herrschsucht den Mann bestimmt.

Sind Mann und Frau ihre Partnerschaft in dem Bewußtsein eingegangen, daß jeder für sein eigenes Leben und beide für das gemeinsame Leben Verantwortung tragen, daß es das oberste Gebot ist, dem Nächsten die Freiheit zu lassen, das heißt ihn nicht zu etwas zu drängen, zu bestimmen oder gar zu zwingen, dann wird die Frau die aufgenommenen Informationen, die Fremdprogramme, bearbeiten. Sie wird in ihren Gefühlen, Gedanken und Handlungen die zugrundeliegende eigene Schwäche, die eigene Fehlhaltung, das eigene Fehlverhalten erkennen, bereinigen und an dessen Stelle positive Werte aufbauen. Das Ringen um die Überwindung des eigenen Sündhaften macht in unserem Beispiel die Frau verständnisvoll gegenüber dem, was ihr Partner noch zu erkennen und zu bereinigen hat. Aus der gewonnenen Stärke heraus, aus ihrem Verwirklichungspotential, vermag sie ihm Stütze und Hilfe zu sein, ohne auf ihn einzuwirken. Das gilt in gleicher Weise auch für den Mann in Bezug auf die Frau, jedoch nicht in derselben Intensität wie bei der Frau.

Machen wir uns immer wieder bewußt:
Nichts kann uns beeinflussen, das nicht einen
Magneten in uns vorfindet. Was uns beeinflußt, das haben wir in gleicher oder ähnlicher
Art in uns. Es ist also müßig, unserem Nächsten irgendeine Schuld zuzuweisen, wenn wir
von ihm gegängelt, manipuliert oder – offen
oder listenreich – bestimmt werden, seinen
Willen zu tun. Wir müssen uns selbst erkennen. Nur uns selbst vermögen wir zu ändern.
Fäden der Bindung und Schuld können einzig
dadurch aufgelöst werden, daß wir um Vergebung bitten und selbst vergeben. Wirklich vergeben haben wir dann, wenn wir dem Nächsten nichts mehr nachtragen, nicht mehr darüber sprechen, auch nicht mehr darüber nachdenken, und wenn uns sein Verhalten nicht
mehr stört oder bewegt.

Informationen werden jedoch nicht nur beim
Geschlechtsverkehr oder beim Kuß übertragen.
Jeder Körperkontakt kann Informationen übertragen – sei es durch die Berührung, durch einen Händedruck, oder sei es, indem einer vom
anderen ungereinigte Kleider trägt, sei es die
Mitbenutzung der Haarbürste oder des Kam-
mes, eines Schreibstiftes oder eines Schlüssels.
Immer nehmen wir Informationen auf; wir geben sie entweder unmittelbar über die Haut an
den Körper weiter oder sie gehen direkt in den
physischen Leib ein. Was gegen die ewigen,

kosmischen Gesetze ist, Ungesetzmäßiges also, das nicht aus dem Körper eliminiert wird, fließt in unsere Seele und über die Seele in die beiden Kosmen. Entsprechend reagiert unser persönlicher Pendelschlag, und dementsprechend ist auch unsere Atmung.

Der Mensch verändert jeden Augenblick seinen Rhythmus. Gemäß den Informationen, die er aufnimmt, gemäß seinen Gefühlen, Gedanken, Worten und Handlungen, seinen Leidenschaften und Triebhaftigkeiten ist sein Hautnetzwerk geprägt. Dementsprechend geht auch das Pumpwerk der Atmung, denn alles ist in allem. Informationen negativer Art, Informationen von Allzumenschlichem, von Sündhaftem, belagern den Menschen. Streß, Hektik und ein vielfach angespanntes, überreiztes Nervensystem, Einflüsse und Zerstreuungen unserer extravertierten Welt schwächen den Menschen, so daß er oftmals viele Negativinformationen aufnimmt, die zu Schicksalsträgern für ihn werden können.

Doch jedem Menschen ist täglich die Möglichkeit gegeben, sein Leben positiv zu gestalten, sich den ewigen Gesetzen zuzuwenden, so daß sein Schicksalspendel in seinem Ausschlag immer geringer wird oder sich sogar aufhebt. Das ist dann erreicht, wenn der Mensch die seelische Kommunikation zu den ewigen Gesetzen erlangt hat und der physische Leib davon durchstrahlt ist.

Unser Tagesrhythmus, den wir selbst
schufen, wirkt auf unser Verhalten ein.
Charakter und Verhaltensweise bilden
unseren Bewußtseinsstand, entsprechend
dem wir beim Atmen Informationen
abgeben und aufnehmen

Aus dem gesamten Informations- und Kommunikationsvolumen Planeten, Seele und Mensch ergibt sich für jeden einzelnen der individuelle Tagesrhythmus. Jeder einzelne Mensch bestimmte in Vorinkarnationen und in dieser Inkarnation selbst seinen Tagesrhythmus durch sein Fühlen, Empfinden, Denken, Sprechen und Handeln. Unsere gesamten Verhaltensweisen prägen also unseren Tagesrhythmus, und der Tagesrhythmus wirkt wiederum auf unser Verhalten ein.

Gemäß unserem Bewußtseinsstand, der unserem Charakter und unseren Verhaltensweisen entspricht, nehmen wir über das Einatmen Informationen in unseren Körper auf und geben auch beim Ausatmen – wiederum gemäß unserem Bewußtseinsstand – Informationen frei. Unser Lebens- gleich Tagesrhythmus ist also unser Bewußtseinsstand und in unserer Atmung der Steuermechanismus, demzufolge wir Informationen aufnehmen und abgeben.

Unser Atem – Informations- und Lebensträger. Die Atmung ist das feinste Instrument zur Aktivierung seelischer und körperlicher Vorgänge

Generell kann gesagt werden, daß unsere Atmung ein Hauptträger von Informationen ist.

Die ganze Atmosphäre, unsere kleine Umgebung, ist gefüllt mit Düften, Gerüchen, Farben, Klängen und dergleichen. All diese tragen Informationen, die wir gemäß unserem Informations- gleich Bewußtseinsstand aufnehmen. Beim Ausatmen bringen wir unzählige Informationen aus unserer Seele und aus den vielen Bausteinen des Körpers in die Umwelt. Beim Einatmen nehmen wir Informationen in unseren Körper und in unsere Seele auf.

Alle Menschen atmen ein und aus, ein und aus. Jeder Mensch gibt gemäß seinem Bewußtseinsstand eine gewisse Anzahl von Informationen ab und nimmt dementsprechend wieder Informationen auf. Die Atmungskette aller Menschen ist eine riesige Informationsquelle in der Atmosphäre und letzten Endes auch in der Umgebung jedes einzelnen.

Die Luft hat unzählige Informationsträger. Der Wind führt sie mit sich, von einer Stadt zur anderen, von einem Ort, von einem Land zum anderen. Jeder Partikel der Luft ist ein aktiver Informationsträger, der seinen Empfänger sucht. Auch Bakterien und Viren, die uns umgeben und an Gegenständen haften, sind aktive Informationsträger, die ebenfalls darauf bedacht sind, ihre Empfänger zu finden. Alle Negativinformationen suchen ihren gleichschwingenden Pol, um ihn zu infiltrieren. Doch auch die positiven Informationen suchen gleichschwingende positive Informationsquellen, um mit ihnen in Kommunikation zu treten.

Fragen wir wieder: »Warum ist das so?« Warum wollen sich Informationen mitteilen, warum suchen sie Empfänger, warum suchen sich Bakterien, Viren und dergleichen ihr Wirkungsfeld? Warum streben Negativprogramme nach der Kommunikation mit entsprechenden Negativprogrammen? Und warum suchen sich positive Kräfte wiederum ihresgleichen? Weil alles in den Universen auf Kommunikation aufgebaut ist.

Kommunikation ist Austausch, Austausch von Informationen, von Kräften; es fließt Energie. Dieser Energiefluß kommt nur zwischen Gleichem und Ähnlichem zustande. Mit anderen Worten: Der Sender entspricht dem Empfänger, der Empfänger entspricht dem Sender in einer bestimmten Schwingungslage. Diese Gesetzmäßigkeit ist in dem geistigen Gesetz zusammengefaßt: »Gleiches zieht Gleiches an. Gleiches tritt in Kommunikation mit Gleichem; beide verstärken und befruchten einander in der ihnen gleichen Art, in dem Wesenszug, der

156

beiden gleich ist.« Setzt sich dieser Austausch von Energien fort, dann baut sich eine entsprechende Ladung auf, ein Energie- gleich Kommunikationsvolumen, das wieder zu größeren gleichschwingenden Energieträgern Kommunikation aufnimmt. Dies gilt für positive wie für negative Energien.

Alles Heruntertransformierte, das sich nicht in reine Energie umwandeln lassen möchte, benötigt ständig weitere Negativenergie, um sich damit aufzufüllen und seine Existenz zu sichern. Daher sind die negativen Kräfte bestrebt, durch Infiltration die Vormachtstellung zu erlangen und zu behaupten. Negativladungen sind darauf aus, sich durch Kommunikation mit Gleichschwingendem zu stärken und zu vermehren. Dies trifft ebenso zu für Viren, Bakterien und dergleichen.

In allen Fällen von Negativkommunikation gilt: Wir unterbrechen einen schädigenden Energiefluß, die Infiltration, nur dann, wenn wir die Ursache durch Bereinigung auflösen.

Uns können unzählige Informationen umgeben, auch Krankheitskeime und höllische Informationsgedanken – sie finden keinen Einlaß in unseren Körper und in unsere Seele, wenn wir nicht gleiche oder ähnliche Anlagen tragen.

Informationen, sowohl Krankheitserreger als auch negative Gedankenformen und emotional wirkende Energien – Wut, Haß, Herrschsucht,

Aggression, Neid, Rechthaberei, Selbstmitleid, Resignation und viele andere mehr – können uns wohl jederzeit anfliegen, denn die Atmosphäre der Erde ist voll davon. Finden sie in uns keinen Widerhall und weisen wir sie sofort zurück, ohne sie in uns zu bewegen, können uns diese vagabundierenden Energien nichts anhaben. Wir sollten uns allerdings davor hüten, sie dadurch zu verstärken und uns zu eigen zu machen, daß wir lange darüber nachdenken, ja nachgrübeln, oder daß wir sie für unsere eigensüchtigen Zwecke benutzen.

Was uns längere Zeit oder wiederholt bedrängt, sollte jedoch angeschaut, analysiert und bereinigt werden.

Jeder Mensch ist also sein persönlicher Informationsträger. Das ist seine kleine Welt und sein Atmungsprinzip. Mit unserem Für und Wider, das wir täglich neu bestimmen durch unser Verhalten, das aus unserem Fühlen, Empfinden, Denken, Sprechen und Handeln besteht, bestimmen wir auch jeden Tag neu unseren spezifischen Pendelschlag der Kosmischen Uhr. Hierbei spielt wiederum unsere Atmung eine wesentliche Rolle.

Unsere Atmung kann mit einem Pumpwerk verglichen werden. Jeden Tag, ja sogar jede Minute und Sekunde bestimmen wir die Pumpwerte der Atmung: tief, mittel oder flach. Entsprechendes ziehen wir aus der Atmosphäre

an, nehmen es in Körper und Seele auf und
geben wieder ähnliche Werte ab. Jeder Atemzug – ob er tief, mittel oder flach ist – hat seine
entsprechenden Informationen und wirkt damit auf unseren persönlichen Pendelschlag der
Kosmischen Uhr ein.

Eine tiefe Atmung holt aus tiefen Schichten
der Seele und aus tiefen Schichten des Unterbewußtseins entsprechende Informationen. Ein
mittlerer Atem holt vielfach nur aus dem Körper Informationen. Flache Atem-, gleich In-
formationswerte kommen lediglich aus dem
Oberbewußtsein und tagsüber auch aus den
oberen Schichten des Unterbewußtseins. Diese
Informationen, gleich Atmungswerte gehen in
die unmittelbare Umgebung unserer Umwelt
ein und auch in den Strom der Atmosphäre.
Der Wind trägt sie dann über die Erde.

Unsere Atmung, die überaus sensibel auf
Töne und Klänge, auf Farben und Formen, auf
alle Geruchsnuancen reagiert, ist das feinste
Instrument zur Aktivierung seelischer und kör-
perlicher Vorgänge. Jeder Atemzug stimuliert
mehr oder weniger den Körper und die Seele
und nimmt immer wieder aufs neue Einfluß
auf unseren persönlichen Pendelschlag der
Kosmischen Uhr.

Über die mächtige »Informationsquelle«,
unsere Atmung, stehen wir beständig mit den
beiden Fallkosmen in Kommunikation, aber
auch mit dem ewigen Sein, dann, wenn unser

Atemrhythmus die lebendige Quelle göttlicher Gefühle, Empfindungen, Gedanken, Worte und Handlungen ist. Als Ganzes betrachtet, steht das Pumpwerk, unsere Atmung, mit dem Nervennetz, den Hautschichten, mit allen Bausteinen des Körpers und der Seele in beständiger Verbindung. Atem, Seele und Körper als Einheit gesehen, bilden die Informations- und magnetische Trägerquelle zu den Kosmen.

Mit Recht können wir deshalb unseren Atem als Träger des Lebens bezeichnen.

Gefahren durch Anwendung von Atemtechniken zur Erlangung meditativer Erfahrungen und zu Heilzwecken

In der Literatur gibt es viele Hinweise über die rechte Atmung. In östlichen geistigen Richtungen wird mitunter der Meditierende angeleitet, sich über die Atmung zu stimulieren, um meditative Erfahrungen erlangen zu können. Die Atmung wird vielfach auch für Heilzwecke verwendet. Beides jedoch – eine künstlich stimulierende Atmung zur Erlangung meditativer Erfahrungen oder die Anwendung der Atmung für Heilzwecke – kann gefährlich werden.

Wie dargelegt, atmen wir entsprechend unserer augenblicklichen Situation und entsprechend unserem Bewußtseinsstand Informationen aus unserer Seele und unserem Körper in die Atmosphäre und atmen wiederum gleiche oder ähnliche Informationen ein. Diese setzen sich dann auf unsere gleichartigen Informationsträger, auf unsere Kommunikationsschwingungen im Körper, im Ober- und im Unterbewußtsein und eventuell auch in der Seele, um gegebenenfalls unsere Kommunikationen zu beeinflussen und uns unter Umständen ganz allmählich in eine den aufgenommenen Informationen entsprechende Richtung zu steuern. Gelingt dies, so hat sich – auf dem Weg über die Atmung – eine unserem Charakter verwandte Information, ein uns wesensähnliches Fremdprogramm, in uns eingenistet, das seinen Einfluß nun erweitert und uns mehr und mehr bestimmt.

Heilung durch eine vorgegebene Atemtechnik bedeutet folgendes: Mit dem Pumpwerk Atmung, das wir durch unsere Gefühle und Gedanken steuern, können wir ein sich anzeigendes Karma, eine ausfließende Seelenschuld, zurückdrängen, indem wir das Oberbewußtsein der Zellsysteme mit entsprechenden Gefühlen und Gedanken des Heilwerdens aufladen, ohne die der Krankheit zugrundeliegende Seelenschuld zu bereinigen. Der Steuerungsmechanismus der Atmung wird also von außen nach Gutdünken des Menschen beeinflußt. Atmen wir diese Heilinformationen in unseren Körper, in die Zellsysteme, hinein und programmieren sie dadurch für das Heilwerden des physischen Leibes, so ist es möglich, daß wir eine Besserung oder gar Heilung erfahren. Das ist jedoch nicht die Ganzheitsheilung von Seele und Körper, sondern nur eine zeitlich begrenzte Heilung des physischen Leibes.

Eine durch gezielte Atemtechniken zurückgedrängte Krankheit kann wieder aufbrechen, sobald wir die Zellsysteme durch unseren normalen Atemrhythmus aus der Zwangsbestimmung entlassen und die Seele das zurückgedrängte Karma, die Seelenschuld, wieder freigibt. Bleibt die Krankheit in der Seele stillgelegt, weil die Planetenkonstellation, welche die Seelenschuld und somit die Krankheit aktivierte, zur Zeit nicht auf diese belastenden Engramme einstrahlt, dann kann die scheinbare Gesundung lange aufrechterhalten werden. Was zurückgedrängt wurde, ist jedoch nur aufgeschoben und nicht aufgehoben. Bestrahlt uns wieder die Planetenkonstellation, in der unsere karmische Schuld gespeichert ist, dann kommen die Ursachen erneut zur Wirkung.

Wir könnten es rechtzeitig am Pumpwerk unserer Atmung ablesen, daß sich Ursachen anschicken, wirksam zu werden. Der veränderte Rhythmus der Atmung versetzt unseren physischen Leib in eine den aktiv werdenden

Eingaben entsprechende Bewegung, um den Ursachen anverwandte Gefühle und Gedanken in das Oberbewußtsein zu transferieren, damit der Mensch erkennt, was sich anbahnt. Dann kann der Mensch sein Schicksal abwenden, indem er bereinigt, was ansteht, und somit die Negativ-Engramme löscht, indem er sein Allzumenschliches mit der Christus-Gottes-Kraft umwandelt.

Wesentlich ist, daß dies rechtzeitig geschieht. Hat uns der Pendelschlag der Kosmischen Uhr bereits getroffen, dann hat die Ernte dessen eingesetzt, was wir einst säten. Die Ursache ist bereits in die Wirkung übergegangen. Wohl können sich durch Erkenntnis, Reue, durch Vergeben und Um-Vergebung-Bitten, durch den festen Entschluß, ab sofort nach den Geboten Gottes zu handeln und infolge der dann einsetzenden Gnade, der verstärkt fließenden Gotteskraft, auch dann noch Schwere und Dauer des Leidens mildern, doch der Mensch wird einiges davon zu tragen haben.

Ein Bild: Eine bestehende Seelenschuld ist gespeichert. Ohne daß wir uns dessen bewußt sind, hängt also die Speicherung unserer Ursache gleichsam wie ein gefülltes Gefäß über unserem Haupt. Erreichen uns die Signale »Bereinige!«, dann haben wir die Möglichkeit, den Inhalt des Gefäßes rechtzeitig zu entleeren; die Planetenkonstellation hat dann kaum mehr Wirkung auf uns.

Haben wir die Warnzeichen – z.B. über unsere kurze, gepreßte Atmung, die durch unsere Unruhe, unsere Gewissensregungen, unsere schweren Gedanken und Gefühle kam – nicht beachtet, so wird sich unsere Schuld eines Tages über uns ergießen.

Mit unserer Atmung können wir auf unser Leben Einfluß nehmen, das aus unseren Gefühlen, Empfindungen, Gedanken, Worten und Handlungen besteht, die unseren Charakter zeichnen.

Es liegt – wie gesagt – jedoch nicht im Sinn und Zweck unseres Erdenlebens, wenn wir uns kurzerhand in verschiedenartige Verhaltensmuster hineinatmen, die dem Bildmaterial der Eingaben in unsere Seele entsprechen. Gemäß dem, was wir durch unseren Atem in uns aktivieren oder durch eine Atemtechnik auf unser Kommunikationssystem aufpfropfen, verhalten wir uns gegenüber uns selbst und gegenüber unseren Mitmenschen. Aus unserem persönlichen Verhalten ergibt sich immer wieder unser persönlicher kosmischer Pendelschlag, der das einleitet, was wir in die Kosmen einst eingegeben haben.

Wird durch irgendwelche Einflüsse – eventuell infolge eines Sich-Treibenlassens in einem veräußerlichten und unkontrollierten Leben oder infolge unseres ichbezogenen, auf den eigenen Vorteil bedachten Verhaltens – unsere Atmung flach, dann können wir dadurch in den Oberschichten des Oberbewußtseins und des Unterbewußtseins gespeicherte Verhaltensmuster aktivieren. Je nach unseren Speicherungen gelangen wir in Hektik und Aggression oder in Depression, Melancholie und Resignation. Ist – ohne unser willentliches Hinzutun – unser Atem ausgewogen, ist die Atmung tief, ruhig und harmonisch, dann ist in uns Ausgewogenheit und Harmonie. Das sind die Voraussetzungen, um des Lebens Tiefe und Fülle zu erfahren.

Zusammenfassung:
Im Atem ist die Kraft des Lebens. Flacher Atem – Wirkung unserer Ursachen. Atem ist Informationsträger

Machen wir uns noch einmal bewußt: Der Atem ist unser Leben. Der Atemrhythmus jedes einzelnen ist sein spezifischer Lebensrhythmus. Das Leben jedes Menschen vollzieht sich in Rhythmen. Jeder Mensch hat seinen Lebensrhythmus durch seine Gefühle, Empfindungen, Gedanken, Worte und Handlungen selbst geschaffen. Er wirkt gemäß unserem minütlichen, stündlichen, täglichen Denken und Verhalten auf uns ein. Entsprechend dem von uns vorgegebenen Rhythmus atmen wir tief, mittel oder flach.

In unserem Atem ist der Odem Gottes, die Kraft des Lebens. Der Atem befördert das in den Körper hinein, was dieser zum Leben benötigt. Wie ein Pumpwerk transportiert unsere Atmung zu allen Bausteinen des physischen Leibes Sauerstoff und zahlreiche weitere Lebensträger – wie uns Ärzte aufklären, z.B. negativ und positiv geladene Ionen, Spuren von Mineralstoffen und Spurenelementen sowie von Edelgasen, aber auch Duft- und Aromastoffe, kleine und kleinste Partikel der uns umgebenden Natur, Feuchtigkeit und Wärme.

Ist der Atem flach, so können nicht alle Lebensfunktionen unseres Leibes genügend versorgt werden. Das ist auch der Fall, wenn wir uns kaum mehr entspannen können, wenn wir häufig in Hektik und Streß sind und somit unser Nervensystem angespannt und verkrampft ist. Früher oder später werden sich Mängel bemerkbar machen, die Schlacken und Stoffwechselrückstände werden nur unzureichend aus dem Körper befördert, das Gewebe verschlackt und übersäuert, viele Hormone und Enzyme finden keine optimalen Bedingungen mehr vor, um ihre Aufgabe zu erfüllen, Teile des Organismus geraten in Not und erkranken schließlich.

Die Ursache unserer Erkrankung darf jedoch nicht in unserer flachen Atmung gesehen werden. Was der flachen Atmung zugrunde liegt, unsere Belastung, die Negativ-Engramme, schufen wir durch unser gegensätzliches Verhalten, durch unser negatives Fühlen, Empfinden, Denken, Sprechen und Handeln, durch die Abwertung unserer Nächsten und durch die Aufwertung unseres persönlichen Ichs. Durch die Enge des Herzens, die Ichbezogenheit nahmen wir unserem Atem den Raum; er wurde flach. Krankheit kann die Folge sein.

Eine Ursache zieht ihre Wirkung nach sich. Betrachten wir das eben Geschilderte genauer, so könnten wir sagen: Unsere flache Atmung ist bereits die Wirkung der Ursachen. Die Wirkungskette setzt sich fort in der Unterversorgung unseres physischen Körpers mit Lebenskraft. Am Ende dieser Wirkungskette steht sodann die Auswirkung: eine Krankheit, ein Leiden, ein Siechtum.

Wir selbst sind also die Barriere für eine Tiefenatmung, denn unseren Lebensrhythmus bestimmen wir selbst. Haben wir also derzeit eine flache Atmung, dann können wir zwar eine Tiefenatmung bewußt durch eine kurzzeitig wirkende Atemübung herbeiführen. Doch was nützt uns diese zwangsweise und kurzzeitige Veränderung unserer Atmung, wenn wir anschließend wieder flach atmen, weil unsere Verhaltensweisen einen ausgewogenen, tiefen Atem verhindern?

Jeder Mensch trachtet danach, gesund zu bleiben oder gesund zu werden. Wenige jedoch denken darüber nach, daß letzten Endes der Atem der Gesundbrunnen für Seele und Körper ist, da er die hohe Kraft, das Leben, beinhaltet. An unserem Atem können wir, wie schon erwähnt, ablesen, wie es augenblicklich um uns bestellt ist. Eine tiefe Atmung, die i s t und nicht zwangsweise herbeigeführt wird, zeigt, daß unser persönliches Pendel der Kosmischen Uhr ruhig und ausgewogen geht. Es geht hingegen um vieles rascher, wenn wir eine mittlere oder gar flache Atmung haben.

Unser Körper ist ein feines Instrument, das wir jeden Augenblick durch unsere Gefühle, Empfindungen, Gedanken, Worte und Handlungen und die daraus hervorgehenden Atemrhythmen mit ihren Informationen einstimmen. Wer seine Verhaltensweisen und Reaktionen genau beobachtet, der erfährt, daß selbst feinste Unstimmigkeiten – und seien es nur zarte Gefühlsregungen – seinen Körper oder einzelne Körperteile in Bewegung setzen. Ein kleiner Stich in einen Finger z.B. kann andere Körperteile in Bewegung bringen oder das Nervensystem in Vibration versetzen. Es ist sogar möglich, daß der Betroffene errötet, daß ihm ein Ausruf entfährt oder er durch aktivierte Gedanken in Hektik gerät. Durch eine kleine Ursache kann sich also unser Körperrhythmus und unsere Stimmungs- gleich Schwingungslage – eventuell erheblich – verändern.

Der Atem ist ein wesentlicher Informationsträger. Entgiften wir unsere Seele und entschlacken dadurch auch unseren Körper, so wird der Atem tiefer. Wir lenken dann über unsere Atemströme gerechte und gottbewußte Informationen in Seele und Leib.

Wer sich dazu entschließt, gegen seine Seele zu handeln, indem er sie zwingt, eine schon im Ausfließen begriffene Belastung wieder aufzunehmen und weiterhin zu tragen, dem ist es möglich, durch Atemtechniken Heilinformationen in seinen Körper zu leiten, um diesem eventuell Linderung oder Heilung zu bringen. Dem Wohl seiner Seele jedoch – und damit seinem ewig bestehenden Leben – ist damit nicht gedient. Im Gegenteil – eventuell muß er daraufhin sogar eine zusätzliche weitere Inkarnation in Kauf nehmen, in der er abträgt oder bereinigt, was in diesem Erdenleben hätte umgewandelt und getilgt werden können – und in der er sich schließlich auch erneut belasten kann.

Das Bildnis, die Zeichnung unseres Menschen entspricht unserem Charakter. Beim Kind und beim jungen Menschen tritt dies noch nicht voll in Erscheinung

Das Bildnis unseres gesamten Menschen – mit all seinen sichtbaren und unsichtbaren Merkmalen, mit seinen sichtbaren und unsichtbaren Punktierungen der Haut, mit all seinen Verhaltensweisen bis hin zu den Details seiner Bewegungen, seiner Sprechweise und seiner Mimik, seiner Körperform, seiner Gesichtszüge, seiner Haartracht, seiner Kleidung und anderem mehr – zeigt seinen Charakter. Das ist das Bildnis der Seele und des Menschen, das auch im großen kosmischen Uhrwerk, im Kosmos der Materie und in dem der Reinigungsebenen, festgehalten ist. Unser heutiges Verhalten, gleich unser Seelen- und Körperbildnis, das wir nicht in allen Details registrieren und wahrnehmen können, ist unser Körper im »großen kosmischen Körper«, der Mikrokosmos im Makrokosmos, wobei hier mit Makrokosmos vorwiegend die beiden Fallkosmen gemeint sind. Aufgrund dessen sind wir kosmische Menschen. Nach unserem Leibestod haben wir den Seelenkörper, den wir heute und gestern – während dieser Inkarnation und in vergangenen Erdenleben – sichtbar und zum

Teil unsichtbar gezeichnet haben. Unsere Körperzeichnung, die geprägt ist von unserem Fühlen, Empfinden, Denken, Sprechen und Handeln, von unserem ganzen Verhalten, können wir in einen Begriff fassen: es ist unser Charakter mit seinen Charakterzügen und Charaktereigenschaften.

Wir Menschen neigen dazu, Einwände zu erheben, wenn es um unseren persönlichen Charakterausweis geht. Hier könnte z.B. das Argument angeführt werden, auf der Hautoberfläche eines Kindes seien kaum Merkmale sichtbar, und auch ein junger Mensch habe eine wesentlich reinere Haut als ältere Menschen. Aus diesen Tatsachen kann jedoch nicht geschlossen werden, eine reine Oberhaut spiegelte eine reine Seele wider.

Die Seele eines Kindes hat ihren menschlichen Körper noch nicht vollständig in Besitz genommen. Jeden Tag mehr trainiert sie diesen ein, um über die fünf Sinne und alle weiteren Funktionen des Leibes diesen allmählich beherrschen zu lernen. Erst wenn die Seele den physischer Körper ganz zu durchdringen vermag, bilden die Seele und ihr Körper mehr und mehr eine Einheit.

Das Netzwerk unserer Haut ist in seiner energetischen Struktur das Bildnis unserer aktiven und der schon überwundenen Belastungen. Ist dann der erwachsene Mensch nervlich angespannt, hat er Schwerwiegendes zu lösen, baut er in seinem irdischen Dasein die Stürme seines Egos entweder auf oder hat diese mit viel Kraftaufwand überwunden, dann können die ehemaligen Eingaben in die Kosmen und die Speicherungen in diesem irdischen Dasein in verschiedenen Merkmalen sichtbar zutage treten.

Ein Kind, das noch nicht zwischen Gut und Böse zu unterscheiden vermag, ist für seine sich eventuell aufbauenden unlauteren Gedanken noch nicht verantwortlich. Obwohl sich die ersten unschönen Gefühle und Gedanken bemerkbar machen, zieht dieses Senden und Empfangen des Kindes noch keine Wirkungen nach sich; es hat noch keinen Einfluß auf den Pendelschlag der Kosmischen Uhr. Das Nervensystem registriert wohl diese aktiv werdenden Engramme, doch es wirkt noch nicht zeichnend auf das Hautnetzwerk ein.

Tritt beim Kleinkind ein körperliches Leiden in Erscheinung, also eine schon aktive Belastung, dann spricht diese auch zu den Eltern, die davon mitbetroffen sein können, denn es ist kein Zufall, daß sich die Seele gerade in diesen Körper einverleibt hat, der von diesen Eltern gezeugt und geboren wurde.

Bei einem jungen Menschen ist es ähnlich. Hat er noch wenig Aufregendes, noch wenige Probleme oder Schwierigkeiten durchlebt, so ist es möglich, daß seine obere Hautschicht noch

172

nicht von den Anspannungen der Alltagsstür-
me geprägt ist.

Die Lebensphasen
einer Inkarnation entsprechen
den Jahreszeiten in der Natur

Im gesamten Netzwerk der Haut ist wohl
alles Für und Wider gespeichert, doch nicht
alles zeichnet sich in der Hautoberfläche ab.

Der Spätherbst im irdischen Leben, das Alter,
in dem oftmals die Stürme des Lebens abebben,
läßt auf der Haut sehr oft Veränderungen und
gravierende Merkmale hervortreten. Auch der
Stoffwechsel, der in der Aktivität nachläßt, und
die verminderte Leistungsfähigkeit der Organe
tragen dazu bei. Auch das Nervennetz, das
Signalnetz des Körpers, ist, ähnlich wie die
Haut, »dünner« geworden. Die belasteten Nerven und die Organe spiegeln vielfach in der
Haut ihren derzeitigen Zustand wider.

Dazu ein Bild aus der Natur: Solange der
Baum voll im Saft des Lebens steht, glänzen
seine Blätter; nur einige wenige haben braune
Flecken und fallen ab. Dann, wenn sich die
Lebenskraft zurückzieht, im Herbst, verlieren
die Blätter ihren Glanz; sie verfärben sich, werden fleckig und fallen schließlich vom Baum.

Ähnlich verhält es sich beim älter werdenden Menschen.

An der Natur können wir unser Werden und Vergehen ablesen. Der Frühling bringt das knospende Leben, das junge leuchtende Grün und die vielfältigen, herrlich duftenden Blüten hervor. Der Sommer zeigt sich in seiner Pracht mit den in voller Lebenskraft glänzenden Blättern und den ersten reifen Früchten. Spätsommer und Frühherbst bringen die Fülle der reifen Früchte. Im späten Herbst vollendet sich das aktive Leben. Der Saft zieht sich zurück, die glänzenden Blätter werden matt und zeigen erste Spuren des Welkens. Ist das Laub gefallen, wird es Winter, so sieht man oftmals einen gebeugten Baum, an dem abzulesen ist, daß er in vielen Sommern die Last zahlreicher Früchte getragen hat. Ist für ihn die Zeit des Absterbens gekommen, weil der Lebenssaft ihn kaum mehr durchströmt, da sein Werk getan ist, dann bricht der Baum allmählich in sich zusammen.

Der Vorgang der Umwandlung vollzieht sich nicht von heute auf morgen. Langsam, nach und nach, geht der Baum in einen anderen Aggregatzustand über, in die Substanzen des Erdreiches. Bis er zur Erde geworden ist, wachsen auf ihm Moos und Pilze, und viele Käfer und weiteres Getier haben in der sich umwandelnden Substanz ihr Dasein. Der Baum erfüllt

seine Aufgabe. Nach den Gesetzen der Natur
dient und gibt er.

Vergleichen wir unser menschliches irdisches Dasein mit den Gesetzmäßigkeiten der
Natur, so erkennen wir: In den jungen Jahren
reifen wir in das Leben hinein. Dann erfaßt uns
das Leben, das Wirken und Schaffen – jeden
auf seine Art. Was wir in unseren Leben, in
dieser oder in anderen Daseinsformen als Menschen, in die kosmischen Speicher, in unsere
Seele und über diese in unseren derzeitigen
Körper eingegeben und nicht bereinigt haben,
davon kann nun heute oder morgen einiges
auf uns zukommen.

Wir erleben Leid und Freude, Schicksale,
Sorgen und Krankheiten. Wir zeugen und ge-
bären Kinder und ziehen sie groß. Sie bringen
uns Freude, aber auch Sorgen und Leid. Im Be-
rufsleben erfahren wir, daß nicht alles unseren
Vorstellungen entspricht und unsere Wünsche
nicht immer in Erfüllung gehen. Freude und
Leid reichen sich die Hand.

Entscheidend für unser Dasein ist, was wir
aus unserem Leben machen. Haben wir nur
teil an den Freuden und weisen die Schuld für
Leid und Schicksal, für alles Unangenehme,
das uns trifft, anderen zu, dann haben wir ein
sogenanntes dickes Fell. Durch diese Methode
der Selbstberuhigung, die lautet »Andere sind

schuld«, halten wir unser Nervensystem, das Kommunikations- gleich Signalnetz des Körpers, in einem träge schwingenden Zustand. Aufgrund dessen werden in der Hautoberschicht nur wenige Engramme sichtbar, denn wie unser Nervensystem reaktionsarm, wenig durchlässig und unsensibel ist, so ist auch die oberste Schicht des Hautnetzwerkes einer Hornhaut gleich.

Der Sommer im Leben eines Menschen bringt nur dann gute und reife Früchte, wenn er sein Innerstes, das Wahre, Reine und Gute, gepflegt hat, wenn er die Schuld an den Frühlingsstürmen und an den Sommerwinden, die ihn zausten und eventuell schüttelten, nicht anderen zugewiesen, sondern sich diesen gestellt hat und sich – in Analogie zur Natur – fragte, was ihm diese Ereignisse sagen wollen und wie er die Frucht seines Lebens zur Reife führen kann.

Hat der Mensch die Stürme und Winde seines Lebens erforscht und sich in den Bewegungen selbst erkannt, hat er die Zeit, die Tage, genützt, um das zu bereinigen, was ihm sein Nervennetz signalisierte, dann wird ihm sein Herbst eine reiche Ernte bringen, und er wird reife Früchte zeitigen. Nicht nur er selbst wird gleichsam eine reife Frucht sein, sondern viele, die mit ihm und um ihn waren, hatten in ihm ein gutes Vorbild und zeigen gute Ansätze, um ebenfalls reife Früchte zu bringen und wiederum anderen zum Reifen zu verhelfen. Den Herbst des Lebens prägen sodann die Ruhe, doch ebenfalls die Spuren des Kampfes mit sich selbst – und auch mit jenen Mitmenschen, die faule Früchte blieben, die trotz des guten Vorbildes und guter Pflege ihre harte Schale beibehielten. Diese sprechen kluge Worte und stellen im Alter die mitunter geringen Erfolge ihres Lebens in den Vordergrund, um sich damit eine Wertschätzung zu verschaffen, weil sie Wertvolles, gleich geistige Werte, nicht vorzuweisen haben. Sie, die im Alter ruhelos sind und sich immer wieder in Darstellungsposen zeigen, tragen vielfach in ihrem Hautnetz die Zeichen eines verwüsteten Gartens, eines verwüsteten Lebens, das irgendwann geordnet werden muß.

Der Gebeugte, der gute Früchte brachte, wird auch so manche Spuren und Zeichen des Kampfes mit sich selbst in seinem Haut-, gleich Bildnetzwerk tragen, denn dieses ist dünn geworden, da auch das Nervensystem vieles durchzustehen und zu überwinden hatte. Der Reife, der Gebeugte, ist ein in sich gekehrter und gütiger Mensch geworden, der dann, wenn seine Kinder – die Eltern der Enkel – die Reifezeit ihres Sommers durchzustehen haben, zum Bewahrer seiner Enkel wird.

Im letzten Lebensabschnitt eines Menschen kann sich plötzlich ein Hautmerkmal verändern – ein Organ seines Körpers signalisiert seinen Zustand. Es ist durch die Kämpfe des Lebens unpäßlich geworden, oder es ist erkrankt. Diese Erkrankung kann die Wirkung von Unbereinigtem sein, das sich der Mensch auferlegt hat im Kampf mit sich selbst und mit seinen Mitmenschen, die faule Früchte blieben, die immer wieder auf sein Leben einwirkten und Einfluß nahmen. Solchen Erkrankungen liegen eventuell nur Restbestände von noch Unbereinigtem zugrunde. Das ist dann der abschließende Reinigungsprozeß der Seele – gleichsam ein Kehraus von Splittern, die sich noch da und dort auf den verschiedenen Planeten des Kosmischen Uhrwerkes befinden und beglichen, gleich umgewandelt werden wollen. Auf diese Weise wird die wieder lichte Seele frei von Anhängseln der Zeit, um einzugehen in die Ewigkeit.

Das Erdenleben des Menschen – eine Wegstrecke auf der Wanderung in die ewige Heimat

Uns Menschen ist selten bewußt, daß mit der Geburt eines Kindes auch das Hinscheiden des physischen Leibes schon vorgegeben ist. Auf dieser Welt ist ein beständiges Kommen und Gehen – ein Geborenwerden, das Werden und Wachsen, die Aktionskette unseres Erdenlebens und das Hinscheiden. Wann in diesem irdischen Dasein die Seele ihren Leib abstößt, und ebenso das Wie, das heißt, die Umstände und die Art seines Sterbens, das bestimmte der Mensch durch seine Eingaben in einer seiner Vorexistenzen sowie durch sein Verhalten in diesem Dasein.

Im ganzen Weltall gibt es keine Zufälle. So ist es auch kein Zufall, ob sich eine Seele nur wenige Tage oder mehrere Jahre im irdischen Dasein befindet, ob der Mensch in jungen Jahren hinscheidet oder im Alter. Wer um die Reinkarnation weiß, der weiß auch, daß der Mensch, also die Seele im physischen Leib, auf jeder ihrer Erdenwanderungen immer wieder die Chance hat, größere und große belastende Komplexe mit Hilfe des Christus Gottes zu bereinigen, so daß sie nicht mehr das Zeitliche aufzusuchen bräuchte. Restbestände von Sündhaftem könnte sie dann als Seele in den Stätten der Reinigung auf dem Weg in das Licht abtragen.

Weil viele Menschen ihre Tage nicht nützen, um in diesem Dasein ihr Sündhaftes zu erkennen und zu bereinigen, sind viele Seelen sehr verschattet und ihre physischen Hüllen, die Körper, massiv belastet, so daß der Mensch durch sein Verhalten Magneten für weitere Inkarnationen schafft und diese auch als Seele beibehält. Diese inkarniert dann wieder an jenen Orten, wo sie als Mensch in einer oder in mehreren Vorinkarnationen gewirkt und belastende Magneten – einschließlich seines Genmaterials in seinen Kindern und Kindeskindern – zurückgelassen hat.

Die Aufzeichnungen in unseren Hautschichten gleichen einem feinerstofflichen Bildmaterial, das sich wie auf einer Filmrolle durch unsere Seele, durch unseren Körper und durch die schwingungsgleichen Planeten des materiellen Kosmos und des feinerstofflichen Kosmos zieht. Sie prägen auch den physischen Leib des einzelnen. Die Bilder auf der Filmrolle, die das Verhalten des Menschen, also sein Rollen-Leben im Erdenkleid, sind, verändern sich jeden Augenblick gemäß seinem Fühlen, Empfinden, Denken, Sprechen und Handeln. Entweder baut der Mensch seine Bilderwelt aus und erweitert »seine« Filmrolle, oder er löst das Abbild seiner irdischen Lebensspule auf, indem er seine negativen Eingaben mit der Hilfe des Christus Gottes bereinigt und nicht mehr tut. Gibt der Mensch sein Rollen-Leben auf, um in seinem Erdendasein Gottes Willen zu erfüllen, also die Werte des ewigen Seins zu leben, nähert er sich somit dem Ebenbild Gottes, dann hebt sich die Filmrolle auf; Seele und Mensch stehen mit den positiven Kräften der Unendlichkeit in Kommunikation. Dann gehört die Seele nicht mehr dem Sündhaften an, die Bindung an die Speicherplaneten der Fallkosmen ist gelöst. Die Seele hat sich in das Allvater-Bewußtsein, in das ewige Sein, eingeboren und steht mit Gott in Kommunikation.

Es ist kein großer Unterschied zwischen dem Diesseits und dem Jenseits. Solange Seelen und Menschen ihr Sündhaftes pflegen und infolgedessen auch weiterhin sündigen, bleibt ihr Bildmaterial, ihre Filmrolle, als Abdruck in den beiden Kosmen. Diese Eingaben bilden gleichsam die Unruh des Räderwerks der Kosmischen Uhr. Im Diesseits ist das Uhrwerk auf die Rhythmen der Menschen bezogen, im Jenseits auf die Rhythmen der Seelen. Obwohl die Seelen noch in Zeit und Raum fühlen, ist der Pendelschlag für die einzelne Seele ein anderer. Er richtet sich nach den kosmischen Läufen der Ewigkeit. Der Ausschlag für die Seele im Jenseits bewirkt entweder die Abtragung von Sündhaftem oder eine neue Einverleibung.

Gott, der Urkern, der Wesenskern, ist in allem und in allen die Gegenwart. So wirkt der Geist Gottes auch in der Kosmischen Uhr, dem Räderwerk. Er ist auch der Mahner in allen Seelen und Menschen, das Gewissen und der Helfer für all jene, die ihre Sünden erkennen, bereuen, bereinigen und nicht mehr tun wollen, um zu Ihm, in die ewige Heimat, in das Ur-Sein, zurückzukehren.

Schlußwort

Menschen im Geiste des Christus Gottes wissen um das göttliche Gesetz der Freiheit. Jedem Menschen ist die Freiheit gegeben, zu glauben oder nicht zu glauben. Möge dieses Buch die Frage anregen: Kann ich daran glauben oder nicht glauben?

Der Glaube ist nicht beweisbar. Auch das Nichtglauben kann nicht bewiesen werden. Was ist in dieser Welt schon real, wo doch alles vergänglich ist und nach Jahren eine Meinung die andere ablöst, wo die heutige scheinbare Tatsache morgen schon wieder unwahr ist. Wie lange hielt man fest an der Aussage: »Die Sonne dreht sich um die Erde.« Heute weiß es jedes Kind: Die Erde dreht sich um die Sonne.

In unserem Erdendasein ist also alles relativ. Deshalb kann nur der selig werden, der nicht nur glaubt, sondern das, was er gehört oder gelesen hat, an und in sich selbst in Erfahrung bringt.

Möge dieses Buch viele zum Streben nach Selbsterfahrung anregen und ermutigen, über den Horizont des Irdisch-Materiellen hinauszublicken. Wer nicht nur sieht, sondern wer – durch die aktive Umsetzung der Gebote Gottes – hinter dem Schein das Sein zu erfassen vermag, dem eröffnen sich weitere Bereiche der Selbsterfahrung.

Anhang

Was ist das Universelle Leben?

Das Universelle Leben ist mit einem mächtigen Baum vergleichbar.

Sein Leben entstand aus einem kleinen Samenkorn, das in den Acker dieser Welt gelegt wurde: die Offenbarungen des Ewigen, des Christus Gottes, zunächst vor einem kleinen Kreis von Christusfreunden.

Das Samenkorn keimte und wurde zum Sprößling, in welchem offenbar wurde, was sein Kern barg: Gottes Licht, das Liebe und Weisheit ist.

Als das Pflänzchen heranwuchs, brachte es weiteres Licht: das Heimholungswerk Jesu Christi mit den ersten Weisungen des Christus Gottes für ein göttliches Leben der Menschen.

Dieses Lehr- und Aufklärungswerk, das vor ca. 20 Jahren durch den Christus Gottes ins Leben gerufen wurde, wuchs rasch zur kräftigen Pflanze heran, zu einem kleinen Bäumchen, verwurzelt in Gottes Liebe und Weisheit: Uns Menschen wurden alle Grundweisheiten des Lebens gegeben, damit wir den Weg ins Gottesleben finden können, das die Früchte hervorbringt.

Immer mehr Menschen tranken aus der Quelle der göttlichen Offenbarungen, und das Bäumchen wurde zum Baum des Lebens. Menschen sammelten sich, um den Willen Gottes zu erfüllen. So erwuchs aus dem kleinen Körnchen, welches das Leben, Gott, in sich trug, der große Lebensbaum, der sich Universelles Leben nennt, was besagt: Leben im Geiste Gottes, Leben nicht nur für den einzelnen, sondern für alle, die guten Willens sind.

186

Die Wurzel des Werkes Gottes, Christus in Seiner göttlichen Offenbarung seit nunmehr 20 Jahren, erreicht viele Millionen von Menschen. So erfüllt sich, was Jesus den Seinen gebot: das Evangelium der Liebe hinaus in alle Welt zu tragen. Er, Jesus, sprach vor 2000 Jahren sinngemäß: »Wenn der Geist der Wahrheit kommt, wird Er euch in alle Wahrheit führen.« Er ist jetzt in unserer Zeit des Umbruchs gekommen und führt uns in alle Wahrheit, so weit wir sie mit unseren Worten verstehen und mit unserem Bewußtsein aufzunehmen vermögen.

In der mächtigen Krone des Baumes Universelles Leben reifen nun die Früchte der Tat. Sie sind Gottes Werke durch jene, die, angezogen von der großen Lichtkraft Christi, zu denen fanden und finden, die gemeinsam das Werk des Lebens aufbauen. Es ist ein Völkchen, ein werdendes Volk in Christus für Christus, für eine neue Welt im Zeichen der Liebe und Weisheit und des Friedens, gerechte Männer und Frauen, die tagtäglich mehr in Seinem Geiste leben. Es sind jene, die jeden Augenblick zu dem großen Geist der Einheit, des Friedens und der Liebe ja sagten und ja sagen, so daß das Werk des Herrn in wenigen Jahren weltweit wurde. Es sind jene, die sich gerufen fühlen, Gottes Liebe und Weisheit in der Gemeinschaft in die Tat umzusetzen. Sie sind tätig für die höheren Werte des Lebens, für das Reich des Friedens, das Reich Gottes auf dieser Erde, das schon Jesaia angekündigt hat und das alle Christen im Vaterunser herbeibeten.

Der Innere Weg
»Näher, mein Gott, zu Dir«

Als Jesus von Nazareth hat Christus der Menschheit vor nahezu zweitausend Jahren die Bergpredigt geschenkt, und Er hat sinngemäß die Worte gesprochen: »Ich habe euch noch viel zu sagen, doch ihr könnt es jetzt noch nicht erfassen. Ich werde euch jedoch den Geist der Wahrheit senden, der euch in alle Wahrheit führen wird.«

Diese Worte haben sich in unserer Zeit erfüllt: Der Christus-Gottes-Geist lehrt jetzt – erstmals in der Geschichte der Christenheit – durch Sein Prophetisches Wort unter vielem anderen den Inneren Weg zu Gott in allen Stufen und Details.

Der Innere Weg im Universellen Leben, der geistige Schulungsweg, führt uns – durch die konsequente Arbeit an uns selbst – schrittweise in ein Leben nach den ewigen göttlichen Gesetzen, in ein Leben der Gottes- und Nächstenliebe und schließlich wieder in die Einheit mit dem Göttlichen in uns. Der gesamte Schulungsweg des Inneren kann in der Gemeinschaft von Kursteilnehmern oder im Alleingang zu Hause anhand der Bücher beschritten werden.

Der Innere Weg beginnt mit dem vorbereitenden Kurs »*Urchristliche Bewußtseinserschließung für den Weg nach Innen zu dem göttlichen Selbst. Du erlangst die seelische Bewußtseinserweiterung und das Einswerden mit Christus*«. Dabei lernen wir, unser Fühlen, Denken und Handeln mehr und mehr auf den Christus-Gottes-Geist in uns auszurichten. Sodann werden wir uns der geistigen Kraft, der göttlichen Energien, in uns bewußt, indem wir lernen, die geistigen Bewußtseinszentren im physischen Körper anzusprechen, auch zur Gesundung von Seele und Leib.

Leichte Bewegungsübungen zu harmonischer Musik unterstützen die geistige Ausrichtung des Gott Zustrebenden. Sie bewirken eine weitere Ausgewogenheit von Seele und Mensch.

Auf den ersten vier Stufen des Inneren Weges, der Intensivschulung, erschließt der Schüler Schritt für Schritt die ersten vier geistigen Evolutionsstufen – die Stufen der Ordnung, des Willens, der Weisheit und des Ernstes.

Auf der ersten Stufe des Inneren Schulungsweges, auf der *Stufe der Ordnung*, lernen wir, unsere Gedanken zu ordnen, die Rede zu zügeln, die Sinne zu verfeinern und sie so nach innen zu wenden. Es heißt: Erkenne dich selbst! Durch Bereuen, Vergeben, Um-Vergebung-Bitten, Wiedergutmachen und Nicht-wieder-Tun und durch die umwandelnde Kraft des Christus Gottes werden wir Schritt für Schritt frei für ein Leben in Frieden mit unserem Nächsten.

Auf der zweiten Stufe des Inneren Weges, der *Stufe des Willens*, werden wir sensitiver und durchlässiger für die geistigen Kräfte. Das Gewissen reagiert feiner. Es läßt uns die verschiedenen Aspekte unserer bisher kaum oder nicht bekannten Fehler und Schwächen erkennen. Gezielte Aufgaben und Übungen zeigen uns dieses, Schritt für Schritt. Zugleich erlernen wir die rechte, gesetzmäßige Konzentration.

Die *Stufe der Weisheit* beschreiten wir, um unser geistiges Bewußtsein weiter zu entfalten. Die Ver-

wirklichung der ewigen Gesetze schließt uns immer
mehr für das Innere Leben auf, so daß wir nun
spürbar vom Geistbewußtsein, dem Inneren Helfer
und Ratgeber, geführt werden können. Durch konsequente schrittweise Verwirklichung der ewigen
Gesetze tauchen wir immer mehr in die beständige
Erfüllung ein, in ein Leben der selbstlosen Tat.

Auf der *Stufe des Ernstes* zeigen sich die Früchte
der Erfüllung der göttlichen Gesetze durch ein Leben im Geiste Gottes: Der geistig souveräne, klar
und geradlinig denkende und handelnde Mensch ist
weitgehend frei vom Wollen für sich selbst. Ganz
auf das Göttliche, das ewige Ich Bin, ausgerichtet,
erfaßt er in allem das Wesentliche, sieht das Positive und baut darauf auf; er erkennt das Gesetzmäßige und wendet es an.

Eine kostenlose Informationscassette
über den Kurs »Urchristliche Bewußtseinserschließung
für den Weg nach Innen zu dem göttlichen Selbst«
sowie nähere Informationen über den Inneren Weg
erhalten Sie bei:
Universelles Leben · Haugerring 7
97070 Würzburg · Tel. 0931/3903-0

Aus der Buchreihe Universelles Leben

Das ist Mein Wort. A *und* Ω

Das Evangelium Jesu
Die Christus-Offenbarung, welche die Welt nicht kennt
1114 S., geb., Best.-Nr. S 007, DM/SFr 35,-, ÖS 273,-

Die großen kosmischen Lehren des JESUS von Nazareth an Seine Apostel und Jünger, die es fassen konnten.

Das Leben der wahren gotterfüllten Menschen
296 S., geb., Best.-Nr. S 134, DM/SFr 35,-, ÖS 273,-

mit Erläuterungen *von Gabriele*

Band 1, geb , 256 S., Best.-Nr. S 317, DM/SFr 35,-, ÖS 273,-
Band 2, geb., 270 S., Best.-Nr. S 319, DM/SFr 35,-, ÖS 273,-
Band 3, geb., 256 S., Best.-Nr. S 320, DM/SFr 35,-, ÖS 273,-
Band 4, geb., 264 S., Best.-Nr. S 321, DM/SFr 35,-, ÖS 273,-
Band 5, geb., 336 S., Best.-Nr. S 322, DM/SFr 35,-, ÖS 273,-

Der Innere Weg
Gesamtausgabe

In dieser Ausgabe mit 1392 Seiten sind die
7 Bücher des Inneren Weges zusammengefaßt
(beschrieben auf Seite 189 - 191):
Urchristliche Meditation I und II, Stufe der Ordnung,
Stufe des Willens, Stufe der Weisheit,
Stufe des Ernstes, Die großen kosmischen Lehren
des Jesus von Nazareth an Seine Apostel und Jünger,
die es fassen konnten

1392 S., geb., Best.-Nr. S 150, DM/SFr 44,50, ÖS 347,-

Ich. Ich. Ich
Die Spinne imNetz
Das Entsprechungsgesetz
und das Gesetz der Projektion
288 S., geb., Best.-Nr. S 325, DM/SFr 34,80, ÖS 272,-

SEIN AUGE
Die Buchhaltung Gottes
Der Mikrokosmos im Makrokosmos
216 S., geb., Best.-Nr. S 318, DM/SFr 27,-, ÖS 210,-

Lebe den Augenblick -
und Du siehst und erkennst Dich
88 S., kart., Best.-Nr. S 315, DM/SFr 15,80, ÖS 115,-

Dein Leben im Diesseits
ist Dein Leben im Jenseits
136 S., kart., Best.-Nr. S 316, DM/SFr 20,-, ÖS 156,-

Ursache und Entstehung
aller Krankheiten
Eine fundamentale Christusoffenbarung
348 S., geb., Best.-Nr. S 117, DM/SFr 32,50, ÖS 250,-

Gerne übersenden wir Ihnen ein kostenloses Gesamtver-
zeichnis aller Bücher, Cassetten und Videos.
Verlag DAS WORT GmbH im Universellen Leben
Max-Braun-Straße 2, 97828 Marktheidenfeld
Tel. 09391/504-135, Fax 09391/504-133